Stackelberg · Molière

Jürgen von Stackelberg

Molière

Eine Einführung

Philipp Reclam jun. Stuttgart

RECLAMS UNIVERSAL-BIBLIOTHEK Nr. 17655

Gesamtherstellung: Reclam, Ditzingen. Printed in Germany 2005

ISBN 3-15-017655-7

www.reclam.de

Inhalt

Vorwort

Dieses Buch beruht auf einer 1986 im Artemis-Verlag erschienenen Einführung in das Werk Molières, die seit langem vergriffen ist. Dennoch handelt es sich nicht um eine durchgesehene und erweiterte Neuauflage, denn vieles wurde eliminiert, anderes eingefügt und ergänzt. Aus der »Einführung«, die sich manchmal mit der bloßen Erwähnung gewisser Sachverhalte zufrieden gab, wurde eine »Hineinführung« in die wichtigsten Komödien Molières. Verschiedene Einzelaspekte, besonders solche, die die Modernität des französischen Klassikers zu erkennen geben, wie die Frage nach seiner Sozialkritik, seiner Einstellung zu Liebe und Ehe oder zur Frauenbildung, werden hier neu aufgegriffen. Vom ursprünglichen Konzept bleibt der, wie ich hoffe, gut lesbare und lebendige Stil erhalten sowie die Zurückhaltung gegenüber neueren Theorien, die in der Theaterwissenschaft ebenso grassieren wie etwa in der Bemühung um eine begriffliche Klärung des Komischen. Der Weg zurück zur Dichtung ist dabei oft nicht leichter als der in die Abstraktion hinein. Ich schöpfe dabei mehr aus meiner jahrelangen Lehrerfahrung, aus eigenen Schauspielererfahrungen, aus der wiederholten, stets neu genossenen Lektüre Molières und mehreren Übersetzungsversuchen.

Einige wenige Literaturhinweise finden sich schon im Text, andere folgen am Schluss des Bandes – von Vollständigkeit soll dabei nicht die Rede sein. Wer das Neueste vom Neuen kennen lernen will, der greife zu dem von Henning Krauß, Till R. Kuhnle und Hanspeter Plocher in der Reihe »Stauffenburg-Interpretationen« herausgegebenen Band *17. Jahrhundert: Theater* (2003). Auch der von Renate Baader herausgegebene »Wege der Forschung«-Band über Molière (1980) und die Einführung in Molières Werk von Jürgen Grimm bei Metzler (Sammlung Metzler, Bd. 212; 1984, 2., überarbeitete und aktualisierte Auflage 2002) enthalten weitere wertvolle Literaturangaben.

I

Leben und Werk

Die Besonderheit von Molières Stellung in der französischen Literatur- und Theatergeschichte lässt sich – mit etwas Mut zur Vereinfachung – in fünf Punkte zusammenfassen: Erstens war Molière ein »homme de théâtre«, ein Mann der Bühnenpraxis und kein Schreibtischliterat. Zweitens verfeinerte und vertiefte er psychologisch die Theatergattung, in der er zu Hause war: er kann als der Schöpfer der Charakterkomödie angesehen werden. Drittens bettete er die Themen und Gestalten der Komödientradition, die er übernahm, in das Geschehen seiner eigenen Zeit ein: er ›aktualisierte‹ die Komödie. Viertens wäre es dennoch unsinnig, in ihm lediglich einen Zeitkritiker zu sehen, denn er wollte (und musste wohl auch) seine Zuschauer vor allem amüsieren, das heißt zum Lachen bringen. Und fünftens schließlich schloss das (wieder in einem scheinbaren Gegensatz zum Vorhergehenden) nicht aus, dass er ein ›Denker‹ war, sich eine Menschensicht und Weltanschauung zu eigen gemacht hat, die man, wenn man das Wort in einem etwas weiteren Sinne gebraucht, durchaus philosophisch nennen darf. Es kann einer allgemeinen Charakterisierung Molières dienen, diese fünf Punkte etwas weiter auszuführen. Und was für das Werkverständnis an Lebensinformationen erforderlich ist, lässt sich da hineinflechten.

Zum Ersten: Der Priorität des Schauspielerischen vor dem Literarischen nicht Rechnung zu tragen, hieße Molière verfehlen. Auch wenn man ihn nur liest, muss man immer versuchen, sich anschaulich zu machen, was vorgeht: man muss Molière »szenisch lesen«, das Tempo des Gesprochenen, die Beschleunigungen und Verlangsamungen, das Aneinandervorbeireden oder Beiseitesprechen mithören, die Gestik sehen und sich klar machen, dass – je nachdem – Pantomimen, Lazzi[1], Tanz, Musik und Gesang den Text umrankten und bereicherten. Als Schüler der Italiener, vor allem des ab 1660 abwechselnd mit ihm im Palais Royal agierenden Scaramuccio (d. i. Tiberio Fiorilli, 1608–94), war Molière selbst ein eindrucksvoller, gewandter, hintergründig-komischer Schauspieler. Davon wird in Kapitel II weiter die Rede sein.

Als der 1622 geborene Pariser Bürgerssohn nach Absolvierung eines Jurastudiums, das eine humanistische Schulung voraussetzte, knapp einundzwanzigjährig sein Elternhaus verließ und damit nicht nur das Risiko wirtschaftlicher Unsicherheit, sondern auch sozialer Ächtung auf sich nahm, da tat er es, um Schauspieler zu werden. Aufs Schreiben verfiel er erst Jahre später, nachdem er zum Chef der Truppe avanciert war und sich die Notwendigkeit ergab, das Repertoire mit zugkräftigen Stücken anzureichern. Misserfolge wie das Scheitern des »Illustre Théâtre«, das er mit begründet hatte und das den jungen Jean-Baptiste Poquelin sogar für ein paar Tage ins Schuldgefängnis brachte, haben seine Entscheidung für den Schauspielerberuf nicht in Frage stellen können. Die Wahl des Namens Molière, die er 1644 traf, kann in diesem Sinne verstanden werden. Sie symbolisierte den Bruch mit der Welt seiner Herkunft, den Entschluss zum ›Ausstieg‹ aus der Klasse, der er entstammte. Das ist bei der Suche nach dem ideologischen Standort Molières zu berücksichtigen.

Zunächst einmal führte der erwählte Beruf und der erwähnte Misserfolg in Frankreichs Hauptstadt zu dreizehn Wanderjahren mit einer Schauspieltruppe durch die Provinz. Wo immer Molière dabei auf dem Lande fortlebende

1 Lazzi (Sg. *Lazzo*, von ital. *lozzarona* ›Bettlerpack‹) sind burleske, akrobatische Pantomimen aus der Tradition der Commedia dell'arte, die zur Belustigung des Publikums dienten.

Molière

Zeichnung von Claude Lefebvre (1632–75)

Gaukler- oder Farcentraditionen beobachten konnte, hat er sie sich zu eigen gemacht. Seine Schauspielkunst lebt von der volkstümlichen Überlieferung, vom Schwadronieren des ›billigen Jakobs‹ auf den Jahrmärkten und vom ländlichen Karneval. In Ariane Mnouchkines Film *Molière* (1978), aus dem man über das Leben Molières viel, aber über sein Werk wenig erfährt, wird dies anschaulich vorgeführt. Die Bauern oder Fischer, die in Molières Komödien gelegentlich vorkommen, zeugen freilich wenig von dieser Volkstümlichkeit, denn sie sind – den Vorstellungen des städtischen Publikums zuliebe – stilisiert.

Als kleiner Junge soll Molière mit seinem Großvater die Gaukler auf dem Pont Neuf bestaunt haben. Wenn sie nicht wahr ist, ist die Anekdote doch gut erfunden. Boileau wusste sehr wohl, warum er Tabarin nannte, wenn er in seiner Poetik (*L'Art poétique*, 1674) das Abgleiten seines Freundes in die populäre Farcenkomik rügte: Tabarin war der bekannteste Gaukler vom Pont Neuf. Da er 1628 schon aufzutreten aufgehört hat, kann Molière ihn freilich kaum mehr als schemenhaft in Erinnerung gehabt haben. Dennoch geht vieles bei Molière in die Richtung der ›Paraden‹, wie sie von diesem volkstümlichsten aller Gaukler überliefert sind. (Eine Tochter Tabarins heiratete Gaultier-Garguille, der in der Farce den geizigen und geilen Alten spielte: seine Nachkommen bevölkern Molières Stücke!) Gedenkt man der französischen Farcentradition, um Molières Theater historisch zu situieren, so ist das sicher nicht falsch. Gros-Guillaume, der enorm dicke, naive, gutmütige, meist betrunkene Diener, lebt bei Molière ebenso fort wie Turlupin, sein gerissener und schlagfertiger Standesgenosse. Und auch an Guillot-Gorju, den lächerlich-pedantischen Quacksalber, darf (im Hinblick auf Molières Ärzte) erinnert werden.

An erster Stelle aber gilt es doch der Italiener zu gedenken, der Schauspieler der Commedia dell'arte, die 1570 erstmals in Frankreich aufgetreten waren und seitdem vom französischen Theaterleben nicht wegzudenken sind. Von ihnen hat Molière das meiste gelernt. Die Italiener improvisierten, sie waren Pantomimen von Rang und sie trugen (mit Ausnahme der jugendlichen Liebenden) Masken: Jeder verkörperte einen bestimmten Typ – ohne das wäre die Improvisation gar nicht möglich gewesen. Arlecchino, Pulcinella, Brighella oder Mezzetin brauchen nur genannt zu werden: in Mascarille, der beherrschenden Dienerfigur in *L'Étourdi* (1655), kann man ebenso einen ihrer Nachfahren erblicken wie noch in Scapin, dem letzten des Typs in Molières Theater. Sie sind die Meister der Intrige, verhelfen den ach, so unerfahrenen jugendlichen Liebenden gegen den Willen der Eltern zu ihrem Glück. Das ist italienisches Erbgut, mag auch – was das ja nicht ausschließt – der antike Servus dahinterstecken. (Spaniens Gracioso ist eher ein Bruder, vielleicht Vetter, jedenfalls kein Vorfahre von Molières Dienern.)[2]

Anfangs trugen die Dienerfiguren auch bei Molière noch Masken, wie die der Commedia dell'arte. *La Jalousie du Barbouillé* und *Le Médecin volant* (beide vor 1659), die beiden ersten »Stücke«, die in den Molière-Ausgaben wiedergegeben zu werden pflegen, sind nur Szenarien in der Manier der italienischen Stegreifbühne, einschließlich der Typen, die dazugehören. An Pantalone brauchen wir ebenfalls nur zu erinnern: wie sein (von ihm wohl nicht unbeeinflusster) französischer Verwandter Gaultier-Garguille ist auch er geizig und geil. Wenn daher – im Gegensatz zu Plautus, Molières Vorbild – Harpagon in *L'Avare* ebenfalls geizig ist und auf Freiersfüßen geht, so erklärt sich das nicht nur aus einer Tendenz Molières, die Handlung anzureichern und zu verflechten, und nicht nur aus einer Anpassung an eine modische Vorliebe seiner Landsleute für Galanterie, sondern auch aus der Tradition der Commedia dell'arte. Und die pedantischen Gelehrten oder gelehrten Pedanten, die Molière mit besonderer Vorliebe gestaltet hat – seien es nun »Philosophen«, wie in *Le Mariage forcé* (1664), Schöngeister, wie in den *Femmes savantes* (1672), oder Ärzte, wie wiederholt, tragen erst recht die Züge des ›Dottore‹ der italienischen Stegreifbüh-

2 Zu den Typen der Commedia dell'arte und zur Gattung insgesamt s. Henning Mehnert, *Commedia dell'arte. Struktur – Geschichte – Rezeption*, Stuttgart 2003 (Reclams Universal-Bibliothek, 17639).

ne. Sie sind weltfremd, buchgelehrt und wirklichkeitsblind, sie geben einen mit Nudellatein durchsetzten Wortschwall von sich und waren natürlich für jeden *honnête homme* ein Graus. Molière brauchte hier wirklich nur zu übernehmen und neu zu beleben, was ihm die Italiener an die Hand gegeben hatten. (Den Capitano hingegen, der noch beim jungen Corneille vorkam, vermied Molière – vielleicht, weil er ihm zu abgegriffen vorkam, vielleicht aber auch, weil er dem auf Kriegsruhm versessenen König Ludwig XIV. nicht genehm gewesen sein mag.)

Als Schauspieler, Regisseur und Komödiendichter muss man Molière also einen Schüler der Italiener nennen: Gestik und Pantomime dürften bei ihm eine kaum geringere Rolle gespielt haben als bei den Italienern, und sein Hauptziel, den jugendlichen Liebenden zu ihrem Glück zu verhelfen, entspricht dem ihren. Ja, wenn gesagt worden ist, dass Molières Komödien oft kaum mehr als eine Folge von aneinander gereihten komischen Szenen seien, so erklärt sich das durch dieselbe Schule, die eben auch durchschlägt, wenn Molière sich seine Stoffe woanders herholt, aus Frankreich selbst, aus der Antike oder ausnahmsweise auch einmal aus Spanien.

Zum Zweiten, der ›Psychologisierung‹. Mit der ›Erfindung‹ der Charakterkomödie (so kann man wohl sagen, denn was wäre mit einem Tartuffe oder Alceste in der früheren Komödie vergleichbar?) lässt Molière freilich die Commedia dell'arte weit hinter sich, und auch in der anspruchsvolleren Commedia erudita der Italiener, bei Ariosto oder Machiavelli, finden sich höchstens Ansätze dazu. Selbst die Diener werden komplexer, verlieren das bloß Typenhafte und nähern sich Menschen aus Fleisch und Blut an. Mit seiner psychologischen Vertiefung entspricht Molière zugleich dem Trend der Zeit: er verhält sich zu seinen Vorgängern Pierre de Larivey (um 1540 – um 1619) oder Jean de Rotrou (1609–50) wie Racine zu

Robert Garnier (1544–90) oder Alexandre Hardy (um 1570–1632). Und mit den Masken seiner Figuren fällt zugleich deren Verhaftung an eine bestimmte, lokalisierbare Herkunft: der Dottore war ursprünglich ein Bologneser Jurist, Arlecchino stammte aus dem Bergamaskerland. Bei Molière werden diese Figuren entlokalisiert und neu sozialisiert – so hängt die Tendenz zur ›Psychologisierung‹ mit der zur ›Aktualisierung‹ zusammen.

Wir streifen nur kurz die Frage nach den Gründen der erstgenannten Tendenz, um dann gleich zur nächsten überzugehen: Gesagt wird – oder wurde – oft, Molières komplexe Charaktere hätten viel von ihm, dem Autor, selbst. Es mag auch wohl sein, dass Molière den *Misanthrope* (1667) nicht hätte schreiben können, wenn er nicht selbst so etwas wie ein ›Menschenfeind‹ und Gerechtigkeitsfanatiker gewesen wäre. Ähnliches ließe sich vom *Eingebildeten Kranken* (*Le Malade imaginaire*, 1673), wie überhaupt von der Ärztesatire und Medizinkritik sagen, die Molière nicht unbeteiligt seinen Quellen entnommen haben dürfte. Aber schon wenn wir auf die Ehebruchsthematik kommen, wenn von »le cocuage« die Rede ist, was sehr oft in Molières Komödien geschieht, wird die persönliche Herleitung fragwürdig. Das Thema gehörte zur Farcentradition, es war denn doch ein (in Frankreich damals wie heute) *zu* beliebtes Thema, als dass wir Anlass hätten, Lebenserfahrungen des Autors dahinter zu vermuten. Solches Denken nach dem Schema »l'homme et l'œuvre« kann als überholt gelten. Es mag als Spekulation erlaubt und angebracht sein – aber eben auch nur als solche: wissenschaftlichen Wert hat es (in der Regel) nicht.

Von der psychologischen Vertiefung wird noch die Rede sein müssen, wenn wir auf Molières Charakterkomödien zu sprechen kommen: Diese Tendenz kann nur ›von Fall zu Fall‹ näher erläutert werden. Die ›Aktualisierungstendenz‹ Molières (*Punkt 3*) hat freilich ihre Grenzen, wie sofort deutlich wird, wenn man an die Weiterentwicklung der Komödie (in Gestalt der »Comédie de mœurs«) denkt. Noch wird bei Molière nicht der Steuereinnehmer gebrandmarkt, den alle hassen, und wenn von Geld die Rede ist, was gewiss geschieht, so kommen dabei die Fachausdrücke der modernen Finanzwelt doch noch nicht vor. Harpagon wuchert zwar, aber er hortet auch noch. Kurz, die Einbettung ins Gegenwartsgeschehen ist bei Molière auffällig, und sie geht weit, wenn man sie von der Vorgeschichte her sieht, sie kann als maßvoll und zurückhaltend gelten, wenn man an die nachfolgende Komödie denkt. Molières Philosophen oder Ärzte tragen Züge der Zeit, es sind Aristoteliker oder Anhänger des Hippokrates, wie sie an der Pariser Universität ausgebildet wurden – zugleich aber tragen sie doch auch noch die überzeitlichen Züge des Pedantentums. Molières adlige Stutzer, die »lächerlichen Marquis«, von denen der Autor zu Unrecht behauptete, sie gehörten zum traditionellen Personal der Komödie, sind unverkennbar Produkte der Hofhaltung Ludwigs XIV. Es sind »verhofte Nichtsnutze«, und die altfränkischen Väter aus bürgerlichem Stand, Sganarelle oder Arnolphe, sind umso deutlicher als Geschöpfe der Zeit auszumachen, als sie eben in mancher Hinsicht ›hinter ihr her hinken‹. Molière hat ein scharfes Auge für das Gebot der Stunde gehabt: Was ihm zuwider lief, hat er in aller Regel lächerlich gemacht.

Oberster Richter für dieses Gebot war für Molière zweifellos der König. Da er so wenig wie seine Kollegen und Rivalen, die Schauspieler des »Hôtel de Bourgogne«, des »Théâtre du Marais« oder die Italiener, ohne finanzielle Zuwendungen von Seiten des Königs auskam, da er zudem, wenn er heiße Eisen wie die Scheinheiligkeit (im *Tartuffe*) anpacken wollte – wozu ihn freilich keiner verpflichtete – die Unterstützung des Königs brauchte, um überhaupt weiter spielen zu können, ist es nur zu verständlich, dass Molière Ludwig XIV. zu gefallen suchte.

Schließlich schielten auch die Höflinge im Publikum zuerst nach dem König, lachten, wenn dieser lachte, und langweilten sich, wenn dieser sich langweilte. Molière hat die politische Situation unter Ludwig XIV. genau beobachtet und sich die innenpolitische ›balance of power‹ des Königs zu eigen gemacht, indem er hinterwäldlerische Provinzadlige ebenso der Lächerlichkeit preisgab wie bürgerliche Parvenüs, adlige Don Juans ebenso bestrafen ließ wie reich gewordene Bauern, die glaubten, sich in den Adel einkaufen zu können ohne ihre Gesinnung zu ändern. Molières Gesellschaftsbild entsprach sicher den Wünschen des Königs nach einer fest gefügten Ordnung, in der jeder seinen Platz kannte und keine Änderungen des ›Systems‹ wünschte. Insofern ist er konservativ zu nennen. Aber das ist im Grunde eine Selbstverständlichkeit. Interessant wird die Sache erst, wenn man sich die Frage stellt, ob der Komödienautor seine generelle Bejahung des Bestehenden nicht nutzte, um eine Kritik im Einzelnen anzubringen, die zwar sicher nicht revolutionär sein wollte, in der Folgezeit aber doch so gedeutet werden konnte.

Was nun – *viertens* – Molières Komik anlangt, so muss als Erstes festgestellt werden, dass es keineswegs selbstverständlich ist, welch große Rolle sie in seinen Komödien spielt. Corneilles frühe Komödien brachten niemanden zum Lachen, auch Jean de Rotrou (1609–50) oder Paul Scarron (1610–60), die wichtigsten Komödienautoren unmittelbar vor Molière, erreichen beileibe nicht die komische Meisterschaft Molières. Die ältere Komödientheorie verpflichtet die Gattung keineswegs dazu, komisch zu sein. In ihr ist die Zuweisung zum Bereich des sozial Niedrigen und des Alltagslebens das Entscheidende. Stellen (nach dem Grammatiker Diomedes aus dem 4. Jahrhundert) »Helden, Fürsten und Könige« das Personal der Tragödie, so treten in der Komödie »Privatpersonen niederen Standes« auf. Dem entspricht die Handlung: dort

Mord und Totschlag, Wehklagen und Verbannung, hier Sex und Liebesabenteuer. Zur sozialen Bereichszuweisung und zur Art der Handlung kommt als Drittes der Stil hinzu, der in der Tragödie erhaben, in der Komödie niedrig, allenfalls ›mittel‹ zu sein hat. Und dann galt noch die Regel, dass Komödien im Gegensatz zur Tragödie ›traurig beginnen‹, aber ›heiter enden‹. Schließlich enthält die Theorie seit alters auch schon Hinweise darauf, dass das Komödiengeschehen fiktiv zu sein pflegt, während die Tragödie sich an Historie oder Mythos hält. Zur Verwirrung der Begriffe hat (in unseren Augen) die Tatsache beigetragen, dass man unter Komödien, wie die Doppelbedeutung des französischen Wortes noch heute belegt, nicht nur Lustspiele, sondern ganz allgemein Schauspiele verstehen konnte. Gibt die Geschichte der Gattungstheorie (an die hier wenigstens kurz erinnert werden sollte) für unser Verständnis des Komischen nichts her, so heißt das doch nicht, dass man nicht auch darüber schon in der Antike nachgedacht hätte.

In Platons *Philebos* findet sich bereits die grundlegende Feststellung, dass ›Verkehrtheiten‹ lächerlich wirkten. Verkehrt ist, nach Platon, was vom Hauptgesetz des Menschlichen, der Selbsterkenntnis, abweicht – also Verblendung, Wahn, Eitelkeit, Dünkel. Das führt geradewegs ins Zentrum der Komik Molières, vor allem insoweit sie Charakterkomik ist. Platon hat auch schon erkannt, dass das Lachen zwar Gefährdungen verkraften kann, diese aber niemals ernsthaft sein dürfen. Nur ein Wahn, der nicht ›schädlich‹ ist, wirkt lächerlich. Ein eitler Tyrann, der sich dafür blutig rächen kann, dass man ihn verspottet, ist nicht zum Lachen, sondern zum Fürchten. Aristoteles hat dem nur wenig hinzuzufügen gehabt. In seiner *Poetik* findet sich die Aussage, die Komödie sei »eine Nachahmung von schlechteren Menschen« (als das in der Tragödie der Fall ist), jedoch ginge es nur um eine Schlechtigkeit, die lächerlich sei, und lächerlich seien »mit Hässlichkeit verbundene Fehler, die weder Schmerz noch Schaden verursachen«. Das ist die aristotelische Variante der platonischen ›Harmlosigkeit‹ als Bedingung des Komischen. Ob nun das Personal sozial niedrig situiert, oder von Abweichungen von einer höher stehenden Norm gesprochen wird, was zumindest auch sittlich verstanden werden kann, immer geht es im Grunde darum, einer Identifikation der Zuschauer mit den Figuren der Komödie vorzubeugen. Es darf kein Mitleid und keine moralische Entrüstung aufkommen. Unser Verhältnis zu den komischen Personen muss rein verstandesmäßig bleiben, es darf niemals gefühlsmäßig werden.

Keiner hat diese Grundbedingung für das Komische in der Komödie klarer ausgesprochen als August Wilhelm Schlegel (in seiner Vorlesung *Über dramatische Kunst und Literatur*, 1809). Wenn Molière schildert, wie ein junger Mann ein junges Mädchen besucht, das nicht nur in ärmlichen Verhältnissen lebt, sondern auch noch um seine sterbende Mutter trauert (wie in der zweiten Szene des ersten Aktes der *Fourberies de Scapin*, 1671), so bedarf es einer Anzahl typischer Komödientricks, um die als solche Mitleid heischende Szene ins Komische zu wenden: Molière lässt den jungen Mann Armut und Trauer überhaupt nicht wahrnehmen, so fasziniert ist er von den erotischen Reizen des Mädchens. Er spricht als ein »Verblendeter«, und Scapin, der daneben steht, unterlässt es nicht, den Zuschauer mit a-parte-Bemerkungen darauf aufmerksam zu machen. So gelingt es ihm (um mit Schlegel zu sprechen), »die Zuschauer von der sittlichen Würdigung der Personen und der wahren Teilnahme an ihren Begebnissen fernzuhalten«. Der Dichter, sagt Schlegel, »spielt alles in das Gebiet des Verstandes«. Und natürlich weiß man auch, dass alles ›gut ausgehen wird‹.[3] Diese Konvention, die die

3 A. W. Schlegel in: *Vorlesungen über dramatische Kunst und Literatur* (1809), 13. Vorlesung; *Kritische Schriften und Briefe*, hrsg. von Edgar Lohner, Bd. 5, Stuttgart [u. a.] 1966, S. 165.

Bereitschaft zum Lachen wachhält, gehört mit zu den Voraussetzungen der Komödienkomik. Molière hat wohl auch aus diesem Grunde gern zu der ihm vom König gebotenen Möglichkeit gegriffen, seine Komödien mit Musik, Tanz und Gesang zu umrahmen und zu durchsetzen. Die große Zahl seiner Ballettkomödien spricht dafür. Wenn ein Stück wie *George Dandin* (1668), auf das wir mit Entrüstung zu reagieren neigen, dergestalt in festlichem Rahmen aufgeführt wurde, kam eine ernste Stimmung gar nicht erst auf. Anstatt sich im Fluss zu ertränken, »la tête la première«, wie Dandin es zum Schluss vorhat, umtanzen dann eben Saufkumpane den Bauern und laden ihn dazu ein, seinen Kummer im Wein zu vergessen. Ähnliches gilt für die groteske Doktorpromotion am Schluss des *Malade imaginaire*, die alle Bedrohlichkeit des Themas sich in der Heiterkeit des schwankhaften Finales auflösen lässt.

In seiner Untersuchung *Der Witz und seine Beziehung zum Unbewussten* (1905) hat Sigmund Freud im Grunde nur die alte Erkenntnis von der Harmlosigkeit als einer Conditio sine qua non für das Komische neu gefasst und vertieft. Freud ging von seiner Sicht des Kräftespiels im Innern der menschlichen Psyche aus, wenn er von der »ersparten Innervation« sprach, durch die der Zuschauer komischer Szenen sich so erleichtert fühle, dass »der überflüssig gewordene Erwartungsaufwand durch Lachen abgeführt werden kann«. Damit setzte Freud Kants Formel von der »Verwandlung einer gespannten Erwartung in nichts«[4] in die Sprache der Psychoanalyse um. Im Übrigen wusste der große Psychologe so gut wie andere, dass es nichts *absolut* Komisches gibt, sondern gewisse Bedingungen, Stimmungen oder Einstellungen dafür entscheidend sind. Und wieder muss man sagen, dass keiner dem mehr Rechnung getragen hat als Molière, der einmal erklärt hat-

4 Immanuel Kant, *Kritik der Urteilskraft*, § 54.

te, es gebe keine Sujets, die das Privileg hätten, von der komischen Behandlung ausgeschlossen zu sein. Das Lachen sei »Ausdruck einer lustvoll empfundenen Überlegenheit«, meinte Freud, und wenn er auch an den Witz dachte, der dieses Lachen auslöst, so passt seine Bemerkung doch auch auf die Komödie, zumal auf Molière. Vielleicht müsste man ergänzend hinzufügen, dass es in der Komödie zudem so etwas wie eine Übertragung solcher Überlegenheitslust gibt: Sie erfolgt dann, wenn eine geprellte oder verhöhnte Figur sich unvermutet mit einer witzigen Reaktion Überlegenheit über den verschafft, der ihr eben noch überlegen zu sein schien. Solche unvermuteten Reaktionen, auch in Gestalt dessen, was man ›Angstwitz‹ nennen könnte, kennt man insbesondere von Sganarelle her – etwa in *Le Mariage forcé* (1664). Wir haben es hier mit einem komischen Überraschungseffekt zu tun, der *positiv* zu nennen wäre, im Gegensatz zu dem von Kant (und Freud) beobachteten *negativen* Überraschungseffekt, bei dem sich eine ›Erwartung in Nichts auflöst‹. Im *Médecin malgré lui* (1668) ist dasselbe Phänomen zu beobachten, wenn Sganarelle die ihm durch Prügel beigebrachte Lektion, er sei ein Arzt, unerwartet gut lernt und für alle überraschend positiv anzuwenden versteht.

Schließlich muss hier auch noch ein Wort zu Henri Bergsons *Le rire* (1899) gesagt werden. Diese kleine, oft neu aufgelegte Schrift beschränkt sich (nach Aussage des Autors) darauf, das Lachen zu beschreiben. Das kann als eine Untertreibung angesehen werden. Wie Freud von der Psychoanalyse, so ging Bergson von seiner Philosophie des »élan vital« aus, das heißt von einer Position, die im Gegensatz zum bis dato vorherrschenden Positivismus den nicht messbaren, intuitiven und dynamischen Kräften des Lebens zu ihrem Recht verhelfen wollte. Daraus erklärt sich, wie der Philosoph den Vorgang, der das Lachen auslöst, mit der Formel »du mécanique plaqué sur du vivant« treffen zu können glaubte. Wo immer sich Lebendes starr oder automatenhaft präsentiert, mechanische Formen annimmt oder in sich aufnimmt, da löst dies, nach Bergson, Lachen aus. Die Beispiele, die er (aus dem *Tartuffe*, 1669, und dem *Avare*) zur Erläuterung anführt, beweisen, wie gut diese Theorie jedenfalls auf Molière zutrifft. Im einen wie im anderen Fall handelt es sich um automatenhafte Reflexe, die insbesondere durch ihre Wiederholung komisch wirken. In einem gewissen Gegensatz zu Aristoteles meinte Bergson, das Komische sei »plutôt raideur que laideur«, also »mehr eine Versteifung als etwas Häßliches«. In seinen Augen rächt sich der Zuschauer für diese Versündigung am Lebendigen durch das Lachen, er korrigiert sozusagen den Irrtum – und stellt so das Funktionieren menschlicher Kommunikation wieder her. Das Lachen hat für Bergson die Funktion eines sozialen Korrektivs – auch das trifft auf Molière vortrefflich zu. »Une espèce de brimade sociale«, wie Bergson sagt, ein Zurechtweisen oder Zurückweisen sozialer Störungen, eben das ist es, worum es bei Molières Komik letztlich geht. *Asoziale* Erscheinungen werden bei ihm durch das Lachen unschädlich gemacht, ob das nun die »lächerlichen Preziösen«, der Geizige als Haustyrann, der Wahrheitsfanatiker, der Parvenü oder die allzu gelehrten Frauen sind.

Damit sind wir aber – *fünftens* – von der Erörterung des Komischen bei Molière bereits zu seiner ›Philosophie‹ übergegangen.

> »La parfaite raison fuit toute extrémité,
> Et veut que l'on soit sage avec sobriété«
> (Die vollkommene Vernunft meidet alle Extreme / Und verlangt, dass man maßvoll weise sein soll; V. 152f.),

so lauten die bekannten Verse aus dem *Misanthrope*, ohne deren Zitat man kaum auskommt, wenn es gilt, Molières Weltanschauung zu kennzeichnen. Dass diese auf die

Empfehlung hinauslaufe, in allen Dingen Maß zu halten, den Weg der goldenen Mitte zu wählen, vernünftig zu sein, der Natur ihren Lauf zu lassen und Exzentrizitäten zu vermeiden, gehört zu den ältesten Gemeinplätzen der Molière-Forschung und trifft insgesamt zweifellos zu. Herzuleiten ist diese ›Philosophie des gesunden Menschenverstandes‹ bekanntlich aus der Antike, von der griechischen *mesotes* oder der lateinischen *aurea mediocritas*. Führt man in dem Zusammenhang auch Paulus an (wie dies Robert Jouanny im Kommentar der Classiques-Garnier-Ausgabe tut), so müsste freilich hinzugefügt werden, dass Molière nur in diesem einen Punkt mit dem Apostel übereinstimmt. Paulus' »Non plus sapere quam oportet sapere, sed sapere ad sobrietatem« klingt an die Worte des Philinte an, vor allem, wenn man sie in Michel de Montaignes Übersetzung liest, die lautet: »Ne soyez pas plus sage qu'il ne faut, mais soyez sage avec sobriété.« Dennoch sollte man die Bibel lieber nicht zu Molières ›Quellen‹ zählen, wohl aber Montaigne, denn dessen *Essais* (1580) befanden sich nachgewiesenermaßen in seiner Bibliothek.

Molières Naturvertrauen – das gern als ›Naturalismus‹ bezeichnet wird – erinnert sehr an dasjenige Montaignes, und einen Skeptiker dürfen wir den Komödienautor ebenso nennen wie den Essayisten. Mit der stoischen Philosophie haben beide dagegen gleich wenig im Sinn – insofern deckt sich Molières Position auch mit derjenigen der Moralisten seiner eigenen Zeit –, und ganz gewiss ist dem einen die christliche Askese so suspekt wie dem andern. Molière war kein direkter Schüler des Skeptikers Pierre Gassendi (1592–1655), aber er war mit Schülern dieses Philosophen befreundet, so mit François Bernier, der später (nach Molières Tod) eine kurz gefasste Darstellung von Gassendis Lehre veröffentlicht hat. Auch die Schriften von La Mothe le Vayer (1585–1672), der sich einen »christlichen Skeptiker« nannte (wovon das zweite sicher zutrifft), befanden sich in Molières Bibliothek.

Erinnert man an die Überlieferung, derzufolge der junge Molière (der bei Jesuiten in die Schule gegangen war) einmal Lucrez zu übersetzen angefangen habe, womit er sich des Atheismus verdächtig machte, und weist man noch auf Pierre Charron hin, dessen *De la sagesse* im 17. Jahrhundert als ein Grundbuch des Libertinismus galt (was freilich kaum zutrifft), so ist genug gesagt, um die Tradition zu kennzeichnen, in der Molière geistig zu Hause war. In Hanns Heiß' noch immer grundlegendem Molièrebuch von 1929 wird diese Richtung als »in einem zwar latenten, nur zwischen den Zeilen zu lesenden, nie zu offener Fehde entbrannten, aber doch unversöhnlichen Gegensatz zum Christentum stehend« gekennzeichnet. Bossuet wusste genau, warum er den Komödianten befehdete, und hätte Molière noch länger gelebt, hätte der König, der in seinem Alter fromm zu werden anfing, sich zweifellos eben deswegen auch von ihm abgewandt. So gesehen erscheint der humanistische Naturalismus Molières keineswegs als ungefährlich.

Auch sein Jasagen zu den gesellschaftlichen Gegebenheiten der Zeit kann nicht als ein Mangel an Zivilcourage ausgelegt werden: Molière war konservativ aus Skepsis, genau wie Montaigne. Und hier ist nun zu sagen, dass seine Anpassung an die Politik des Königs eben nicht nur Taktik war, sondern einer inneren Überzeugung entsprach. Wichtiger ist für uns freilich, dass Molières Philosophie der Mitte auch die Grundlage für seine Komik abgab: von ihr ausgehend, konnte er Exzentriker nur lächerlich finden. Die uns nicht gerade besonders originell vorkommende Denkweise Molières gewinnt dadurch erheblich an Interesse, dass sie sich in seinem Komödienschaffen fruchtbar auswirkt. Denn der Dichter Molière ist uns natürlich wichtiger als der Denker. Insofern er den Ersteren in seiner Besonderheit besser erkennen lässt, interessiert uns sein Denken – mag es philosophiegeschichtlich auch nicht weiter relevant sein. Zu Molières Größe kommt seine ›Philosophie‹ als ein letztes, krönendes Element hinzu: Er war eben doch nicht nur ein »homme de théâtre«, nicht nur ein profunder Psychologe, nicht nur ein aufmerksamer Beobachter seiner Zeit und ein großartiger Komiker, sondern all dies zusammen und obendrein ein Autor, der sich einen bewusst gewählten geistigen Standort zu eigen gemacht hat.

Von 1658, dem Jahr seiner Rückkehr in die Hauptstadt nach dreizehn Jahren Provinz, bis 1673, dem Jahr seines Todes, hat Molière – die Farcen des Anfangs ebenso mitgerechnet wie alle kleineren Gelegenheitsstücke – dreißig Theaterstücke geschrieben, inszeniert und darin meist die Hauptrolle gespielt. Zwei Stücke pro Jahr im Durchschnitt, das ist eine Leistung, die ihresgleichen sucht. Bedenkt man die Intrigen, die gegen ihn gesponnen wurden, die sicher nicht leichte Leitung einer ganzen Truppe, die Verpflichtung zu Lesungen in Salons oder Schlössern, die privaten neben den öffentlichen Aufführungen, die Organisation von höfischen Festen, bei der er zumindest mit beteiligt war, so kann man verstehen, dass Molière, der nicht der Gesündeste war, mit 50 Jahren vor Erschöpfung starb. Mindestens zwölf der fast dreißig Stücke kann man jedoch ohne Übertreibung Meisterwerke nennen, gleich, ob sie mehr der gelungenen Komik, der psychologischen Komplexität oder ihres Gedankenreichtums wegen so eingestuft zu werden verdienen.

Die Serie dieser Werke beginnt (wenn wir den *Étourdi* von 1653 nicht auch schon dazu rechnen wollen, was angesichts der brillanten Verse durchaus möglich wäre) mit *Les Précieuses ridicules* 1659, sie wird mit *L'École des Femmes* 1662 fortgesetzt, erreicht in *Le Tartuffe* 1664 einen ersten Höhepunkt, hinter den der *Dom Juan* von 1665 nur wenig zurückfällt; *Le Misanthrope* von 1666 ist und bleibt die tiefgründigste aller Charakterkomödien Molières; im selben Jahr, 1666, folgt dann wieder eine Farce, *Le Médecin malgré lui*, die Molière auf der Höhe seiner komischen Kunst zeigt; *Amphitryon*, *George Dandin* und *L'Avare* entstanden alle im fruchtbarsten Produktionsjahr Molières, 1668, zwei davon nach plautinischer Vorlage; 1670 greift Molière das Thema des sozialen Aufstiegs, das er in *George Dandin* schon behandelt hatte, in Gestalt des *Bourgeois Gentilhomme* wieder auf, während *Les Femmes Savantes*, 1672, an das Thema der »lächerlichen Preziösen« und der *École des Femmes* erinnern: Es geht darin um die Frage der angemessenen Frauenbildung, die Molière – seiner Zeit voraus, aber in gewisser Hinsicht auch als Traditionalist – beantwortet, indem er den Frauen zwar Herzensbildung wünscht, sie aber um ihrer selbst willen vor Pedantentum und Gelehrsamkeit warnt.

Le Malade imaginaire behandelt noch einmal das doppelte Thema der Medizinkritik und Ärztesatire, das Molière von Anfang an am Herzen lag. Im Abschnitt über den *Malade imaginaire* wird darüber Näheres gesagt. Ärztesatire und Medizinkritik haben sich auf der Bühne wie im Roman des 18. Jahrhunderts noch lange als wirksame Ingredienzien erwiesen, so bei Lesage oder Beaumarchais. Im 20. Jahrhundert sind Jules Romains (mit seinem *Knock ou le Triomphe de la médecine*, 1923, dt. *Doktor Knock*) und Jean Anouilh verschiedentlich auf dieser Molièreschen Bahn weitergeschritten.

II

Schauspieler und Schauspielautor

Die Personalunion von Schauspieler und Schauspielautor, die Molière eine literarhistorische Sonderstellung einnehmen lässt, kann zum Leitfaden für einen ersten Gang durch sein Werk genommen werden. Was bei Corneille oder Racine, Marivaux oder Beaumarchais (um nur sie zu nennen) sinnlos wäre, ist hier eine durchaus sinnvolle Frage: Welche Rollen schrieb Molière für sich? Nicht dass sich daraus eine erschöpfende Antwort für sein Gesamtwerk ergäbe, denn das hat er gewiss über sich hinaus komponiert, aber einen Einblick in seinen existentiellen Zugriff zum Theater, in gewisse Vorlieben und Besonderheiten, die mit ihm als Person zusammenhängen, gewinnt man auf diese Weise schon. Die Fragerichtung kann uns zudem dazu dienen, den ›kleineren Werken‹, den Farcen, Einaktern und sonstigen Gelegenheitsprodukten Molières, etwas Aufmerksamkeit zu schenken, ehe wir uns – in Kapitel IV – seinen zwölf großen Stücken zuwenden.

Molières erste Glanzrolle war – wie erwähnt – die des Mascarille im *Étourdi* von 1653. Das Stück war eine Versübertragung (mit einigen Straffungen und einigen Hinzufügungen) von Beltrames (d. i. Niccolò Barbieri) *Inavvertito*, einer italienischen Komödie aus dem Jahre 1629. (In der Ausgabe der »Grands Ecrivains de la France« wird der Originaltext dieses Stückes im Anschluss an Molières Fassung wiedergegeben, so dass man die Übereinstimmung leicht überprüfen kann.) Nicht zufällig fand die Uraufführung in Lyon statt, dem Einfallstor materieller wie geistiger Waren aus Italien, wo schon 1548 Bernardo Bibbienas *Calandria* aufgeführt worden war (und seitdem häufig italienisches Theater gespielt wurde). Molière war 32 Jahre alt: jung für einen Autor, noch nicht zu alt für eine Rolle im Stil italienischer Diener.

1658 erntete er dann in Paris die ersten Lorbeeren mit diesem Stück – oder wahrscheinlicher: mit dieser Rolle. Denn alles in *L'Étourdi* ist auf sie zugeschnitten. Der jugendliche ›Held‹ (was man hier wirklich in Anführungszeichen setzen muss) dient nur als *agent provocateur* für das atemberaubende Tempo von Mascarilles Spiel. Immer wieder fädelt der Diener eine neue Intrige ein und immer wieder verdirbt der junge Herr mit seiner Unbesonnenheit deren Erfolg in letzter Minute, sei es, indem er die Geldbörse aufliest, in der sich das Geld befindet, das Mascarille für ihn dem alten Pandolphe abgeluchst hat und die der gutmütige, aber tumbe Jüngling dem Besitzer zurückgibt, sei es, indem er dem alten Trufaldin ankündigt, eine Bande junger Leute hätte vor, ihm sein Mündel, die hübsche Célie, zu entführen – und sich so selbst um die Frucht der Entführung bringt, die Mascarille angebahnt hat. Lélie, so heißt der junge Mann – der bei Arthur Luther »Tolpatsch«, bei Hans Weigel »Wirrkopf« heißt, was beides zu grob klingt –, ist der Unerfahrene, dem man freilich seine Unüberlegtheiten nicht übel nimmt, weil er so verliebt ist. Es geht ihm schon ganz so, wie es dem jungen Horace in der *École des Femmes* gehen wird: Er soll seine Angebetete trotzdem bekommen! Wichtig ist, wie gesagt, allein Mascarille, dessen Name darauf hinweist, dass er noch die traditionelle Halbmaske der italienischen Dienerfiguren trägt (bei Beltrame hieß die Figur übrigens Scappino). Mascarille ist ein Künstler der List, ein Virtuose, dem es weniger auf den Lohn ankommt als darauf, sein Können zu zeigen. Je größer die Schwierigkeiten, die sich ihm entgegenstellen, desto besser. Er wird über sie triumphieren:

> »Plus l'obstacle est puissant, plus on reçoit de gloire«
> (Je größer das Hindernis ist, desto ruhmreicher ist seine Überwindung; V. 1864),

sagt er einmal, und ein anderes Mal:

Molière
Kupferstich von Desvachez nach einer Zeichnung von Auguste Sandoz (um 1790)

»Achève pour ta gloire, et non pour l'obliger«
(Vollende um deines Ruhmes willen, und nicht um Lélie zu Gefallen zu sein; V. 918).

So wird für Mascarille das Meistern von Intrigen zum Selbstzweck. In dieser Hinsicht sind die Unterschiede zwischen ihm und seinem späten Nachfolger Scapin mehr gradueller als prinzipieller Natur. Denn Mascarille weiß schon so gut, wie Scapin es wissen wird (und zwischendurch der Sosias des *Amphitryon* oder der Sbrigani aus *Monsieur de Pourceaugnac*), dass die moralische Bewertung einer Handlung von der sozialen Stellung dessen abhängt, der sie begeht. Wenn ein Diener Liebenden zu ihrem Glück verhelfe, nenne man das »Kuppelei«, erklärt er; bei vornehmen Leuten spreche man von »Dienstbarkeit« oder »Hilfeleistung«. Scapin wird sich ironisch diesen vornehmen Sprachgebrauch zu eigen machen, wenn er seine »fourberies« »Feinheiten des Geistes« und »einfallsreiche Galanterien« (»gentillesses d'esprit« und »galanteries ingénieuses«) nennt.

All das besagt nichts anderes, als dass schon in der frühen Komödie Molières eine ›komische Inversion‹ stattfindet, die zu Recht als eine heimliche ›Subversion‹ bezeichnet worden ist: Die Herren hängen wie Marionetten an den Fäden, die die Diener in Händen halten. Man darf da schon an Hegels Feststellung aus Anlass von Diderots *Jacques le fataliste* (1796) denken, hier zeige sich eine »Lebensabhängigkeit der Herrenschicht von ihren Knechten«[1]. Der Unterschied zwischen Molière und seinen italienischen Gewährsleuten einerseits, Diderots Diener und seinem Herrn andererseits ist nur ein Bewusstseinsunterschied, kein faktischer. Übrigens bricht der bewusste Ant-

1 Zit. nach: Hans Mayer, »Diderot und sein Roman *Jacques le Fataliste*«, in: H. M. / Werner Krauss, *Grundpositionen der französischen Aufklärung*, Berlin 1955, S. 81. Vgl. auch Georg Wilhelm Friedrich Hegel, *Phänomenologie des Geistes*, Abschn. IV,A.

agonismus von Diener und Herr, lange vor Diderot, in der Komödie unmittelbar nach Molière und nicht zufällig im Anschluss an ihn, schon bei Alain-René Lesage, bei Jean-François Regnard und Charles Dufresny aus, den Autoren der sogenannten »Comédie de mœurs« zur frivol-revolutionären Zeit der Régence. So weit sind wir hier noch nicht – aber dass Diener bei Molière bereits handlungsbestimmend werden und ihre Herren an der Nase herumführen, verdient festgehalten zu werden. Diener – aber auch Zofen, wie im Hinblick auf die Toinette des *Malade imaginaire* gesagt werden müsste, die die Fäden der Intrige genauso meisterhaft in ihren zarten Händen hält wie Mascarille oder Scapin. Auch sie ist die Lebenserfahrene, die dem unvernünftigen Herrn im Namen der Vernunft ihre Meinung sagt … Doch: zurück zu Molières Rollen!

Denn dieser ist bei den italienischen Dienerrollen nicht stehen geblieben. 1660 tritt er zum ersten Mal in einer neuen Rolle auf die Bühne, die sich davon grundsätzlich unterscheidet. Er nennt sich nun (und gleich als Titelfigur) *Sganarelle*. Das klingt noch immer ein wenig italienisch. Man kann an Polichinelle denken (wie Pulcinella französisch heißt). Der Name ist jedoch ebenso eine Erfindung Molières wie der Typ. Will man ihm unbedingt Ahnen geben, so müssten sie unter den Dienern des tölpelhaften, dümmlich-bauernschlauen, volkstümlichen Typs gesucht werden, die im Italienischen zuerst die Bergamasker Zanni, später dann vor allem Arlechino verkörperte. Aber von Anfang an trägt Molières Sganarelle eigene, typisch französische Züge, die der einheimischen Farcentradition entnommen sind und den Typ beim französischen Publikum besonders beliebt gemacht haben. Schon mit seinem ersten Auftreten ist klar, worum sich Sganarelles Sorgen vor allem drehen: Er hat Angst vor der »Hahnreischaft«, es bedrängt ihn in seiner Phantasie nichts *mehr* als die Vorstellung, von seiner Frau betrogen zu werden – daher der Untertitel: »le cocu imaginaire«.

»Le cocuage«, das ist nun freilich nicht nur ein gauloises Lieblingsthema (das man zum Beispiel von François Rabelais' Panurge in *Pantagruel*, 1532, her kennt), es ist vor allem auch ein bürgerliches Sujet, besonders wenn es so in Erscheinung tritt wie hier, nämlich als Angst vor einer Schande, der man durch autoritäre Härte entgegen zu wirken versucht. Allemal dreht sich bei dem Sganarelle, den Molière geschaffen hat und der in den folgenden Stücken, *L'École des Maris* und *Le Mariage forcé*, erneut im Zentrum stehen wird, alles Denken, alles Bangen und alles vergebliche Präventivhandeln um dieses Thema, über das galante Adlige nur lachen konnten, das dem Bürgersmann aber schon deswegen einen Schreck einjagte, weil es doch auch um sein gutes Geld ging. Die Frau ist für Sganarelle gut bürgerlich ein Besitz. Von daher (aber nicht nur von daher) gehört der Arnolphe der *École des Femmes* ebenso in die Linie seiner Nachkommen wie George Dandin oder Harpagon.

Ist Sganarelle nicht galant, so ist er auch nicht elegant in seinem Auftreten. Viel weiß man zwar nicht von Molières Schauspielweise, aber einiges hat die Wissenschaft doch (aus Aussagen über ihn und Bemerkungen seiner Partner in den Stücken) zusammentragen können. Zunächst: Seitdem er den Sganarelle spielt, spielt er ohne Maske. Er trägt lediglich einen großen Schnauzbart, schwarz, wie die buschigen zusammengewachsenen und vermutlich obendrein rußgeschwärzten Augenbrauen. So kennt man ihn auch von Abbildungen. Solche Bärte waren damals längst aus der Mode, sie waren bäuerisch. Der elegante Mann war glatt rasiert. Hinzu kamen bei dem Schauspieler Molière gewisse Kleidungseigentümlichkeiten, die ebenfalls altmodisch wirkten, wie *la fraise*, die Halskrause, die er zu tragen pflegte, ein Barett und ein kurzes, umgehängtes Mäntelchen. So ausstaffiert machte Molière, wenn er den Sganarelle spielte, eine grotesk-komische Figur. Geblieben war ihm – von seiner früheren Rolle – die Agilität, eine

Molière in der Rolle des Sganarelle
Kupferstich von Simonin

unfassliche Geschwindigkeit des sich wandelnden Ausdrucks, die ihn eben noch ängstlich, zornig oder trotzig dreinblicken lassen konnte, im Augenblick danach zuckersüß lächelnd und schmeichelnd. Auch als Arnolphe führt Molière das vor: Herrisch und mürrisch im Gespräch mit der kleinen Agnès oder seinen Dienern, gibt er sich gleich danach dem Horace gegenüber glatt lächelnd, weil er ihm seine Geheimnisse entlocken möchte. Ebenso wendig ist der Sganarelle des *Dom Juan*, der eben noch die Freigeisterei der Großen anprangert, kaum hat er aber einen Freigeist in der Gestalt seines Herrn leibhaftig vor Augen, ist er mit einmal voll devoter Freundlichkeit ... Und Orgon und Harpagon, die Väter und Familienoberhäupter im *Tartuffe* und im *Avare*, wechseln nicht minder blitzartig ihre Mimik, je nachdem, wem sie sich zuwenden, dem geliebten Heuchler, der Kupplerin Frosine, oder der verhassten Jugend und ihren Helfershelfern.

Hier zeigt Molière sein Schauspielergeschick. Noch mehr bedurfte er freilich seines Geschicks, um das Ungeschick sprechen zu lassen, das Sganarelle von Geburt an anhaftet. Denn er ist ein Pechvogel, einer der unentwegt aneckt – wie später Charlie Chaplin. Wie viel die ›Tücke des Objekts‹ ihm zu schaffen macht, ist freilich auch wieder schwer zu sagen, weil wir nur einen kleinen Teil der Lazzi kennen, mit denen Molière sein Spiel bereicherte. Ticks wie ein unaufhörlicher Schluckauf und später der zu grotesk-komischen Zwecken genutzte Husten, der den Tuberkulosekranken plagte, sind überliefert. Molière war so bekannt für diese Ticks, dass das Publikum bereits lachte, ehe er den Mund auftat: Sein Erscheinen auf der Bühne genügte schon. Was Wunder, dass er mit seinem Versuch, einmal einen tragischen Helden zu spielen – *Dom Garcie de Navarre* – kläglich scheiterte. Die Pariser taten ihm nicht den Gefallen: Er war zum komischen Typ verdammt, als solcher abgestempelt, ein für allemal! Man muss das prinzipiell so sehen wie die Arlequins des 18. Jahrhunderts, die man namentlich kennt – etwa Domenico Biancolelli –: ein Schauspieler verkörperte einen Typ und er konnte umso mehr Lacherfolge für sich verbuchen, je geschickter er mit kleinen Variationen des im Grunde immer Gleichen aufwartete. Denn natürlich trug Molière ein anderes Kostüm, wenn er als reicher Bürgersmann und Vater auftrat, den dieser oder jener Wahn plagte, oder wenn er, wie im *Dom Juan*, eine Dienerrolle spielte. Man erkannte den Schauspieler an der bekannten Mimik und Gestik, an Schnauzbart und Brauen und an seinem notorischen Ungeschick – und schon war der Erfolg da. Diesen aber brauchte Molière nicht aus Schauspielereitelkeit, sondern weil er und seine Truppe davon lebten.

Eine Besonderheit des Schauspielers Molière, die man von fast allen sechzehn Rollen kennt, die er in seinen Stücken der Reihe nach spielte, ist die Unbeherrschtheit (die scheinbare, versteht sich). Er spielte den Choleriker. Unvorhersehbare, unberechenbare und spektakuläre Zornausbrüche ergriffen ihn als *Cocu imaginaire*, wo die kleine Clélie lange warten muss, bis sie den Zornwütigen endlich ansprechen kann; in der *École des Femmes* schmeißt er (als Arnolphe) die Vasen von den Kaminsimsen (IV,6, V. 1160 f.); als Monsieur Jourdain in *Le Bourgeois Gentilhomme* erklärt er gar (denn er bekennt sich gern zu seinem Jähzorn), er sei »bilieux comme tous les diables – gallig wie alle Teufel« und wolle sich seinem Zorn ungehemmt hingeben (»me […] mettre en colère tout mon soûl«, II,4); im *Tartuffe* wirft Dorine dem angeblich so frommen Orgon, sicher nicht zu Unrecht, vor, er vergesse sich im Zorn (II,2), und Argan im *Malade imaginaire* schmeißt mit Kissen nach Toinette (I,5). Als Choleriker gehört auch Alceste im *Misanthrope*, den Molière selbst spielte, ganz und gar in die Linie des Sganarelle: er *will* ja nicht zuhören (wie er sagt), er will sich ärgern und toben nach Herzenslust … Molière dürfte seine Rolle als Jähzorniger zugleich zu akrobatischen Pantomimen genutzt haben, die den Jubel der Zuschauer auslösten. So wenn er sich – als Arnolphe – selbst ohrfeigen möchte (und das wohl auch tut). Man weiß von Scaramuccio, dem bewunderten Vorbild Molières, dass er sich noch mit 83 Jahren mit den Füßen selbst ohrfeigen konnte! Auch Molières pantomimische Akrobatik kann gar nicht hoch genug eingeschätzt werden. Er ließ so leicht keinen Lazzo aus, wenn er der Charakterisierung der Rolle und zugleich der komischen Wirkung diente.

Denn Selbstzweck waren seine Pantomimen nicht. Im Unterschied zur reinen Artistik der Dienerrollen mit Maske, die im Grunde um ihrer selbst willen da war, diente Molières Spiel seit der Erfindung des Sganarelle der Menschlichkeit. Mascarille und Scapin sind eher arm an Seele, um nicht zu sagen: seelenlos. Sganarelle aber hat viel Seele. Er hat sogar Gemüt. Mit seiner Neigung zum Gemütvoll-Sentimentalen wirkte der Typ vor dem adligen Publikum – oder einem Publikum, das sich adlig stilisierte – freilich erst recht lächerlich. Ein Höfling trägt seine Gefühle nicht zu Markte, er beherrscht sich und lässt sich nicht hinter die Maske gucken, die er trägt: von alldem spielte Molière das Gegenteil. Und das dürfte auch der tiefere Grund für seinen Verzicht auf die traditionelle Maske sein. Er gibt sich unmaskiert, entblößt – und eben darum bis zur Demut menschlich. Er erniedrigt sich, um in der Kunst seiner Komik desto höher zu steigen. Jedenfalls erklärt sich nur so, wie die Zeitgenossen einmal die ›Natürlichkeit‹ seines Spiels preisen, ein andermal das Skurrile und Groteske daran kritisieren konnten.

Was war nun aber zuerst da: die Intuition des komödiantischen Spiels, die Mimik, Grimassen und Ticks, nebst der komischen Effekte von Aussehen und Kleidung – oder die Konzeption der Rolle, die einerseits einen Exzentriker, einen Wahnbesessenen, Jähzornigen und Ängstlichen, andererseits aber ein in seiner Kreatürlichkeit menschlich-allzumenschliches Wesen darstellte? Die Frage ist nicht beantwortbar. Feststellen kann man nur, dass beides ineinander griff und der Schauspielautor Molière vom Schauspieler Molière nicht getrennt werden kann. Für die Bewusstheit der Konzeption spricht, dass Molière Eigenschaften vorführte, die in den Augen des Feudalpublikums lächerlich wirken mussten. Das tat übrigens nicht nur die bourgeoise Angst vor den Hörnern, die ihn beseelte, sondern überhaupt seine Art der Liebe. Wie sinnlich Sganarelle veranlagt ist, zeigt sich in vielen Szenen, die das Ergötzen nicht nur des Adels ausgemacht haben dürften. Denn konnte der Adel sich über die vulgäre Begehrlichkeit Sganarelles erhaben dünken, so mochte der Pöbel sich in seiner ihm wohlvertrauten Sexualität selbst wiederfinden. Hier war wohl ebenso ideologische Strategie mit im Spiel wie Schauspieler-Raffinement; beides war ebenso raffiniert gemischt wie die Artistik und die gespielte Tölpelhaftigkeit. Im Anschluss an den hochinteressanten Aufsatz von Jean-Michel Pelous über die »Metamorphosen Sganarelles« (1972) könnte man sagen: Sganarelle ist nicht seines Glückes, sondern seines Unglückes Schmied. Denn auch sein Pech verdankt er immer wieder sich selbst, seinem Misstrauen, seinem Mangel an Eleganz und seiner derben, ungebärdigen Sinnlichkeit, die ihm alles Glück bei den Frauen verscherzt. Sganarelle liebt unglücklich – das konnte alle glücklich Liebenden, die wirklichen wie die vermeintlichen, sich über ihn erhaben fühlen lassen. Und daraus ergab sich die komische ›Fallhöhe‹, von der aus alle über ihn lachen durften.

Es ist inzwischen klar geworden, dass wir – mit Pelous – »Sganarelle« sagen, auch wenn wir die Mehrzahl der Rollen meinen, die Molière nach 1666 (wo er zum letzten Mal als Sganarelle auftrat) spielte. Sucht man nach einem Begriff, der diese Rollen im Grunde fast alle kennzeichnet, so ist es der *Starrsinn* – in verschiedenster Ausprägung. Orgon, Monsieur Jourdain, George Dandin, Harpagon, Argan, sie alle sind auf ihre Weise starrsinnig. Selbst Sosie in *Amphitryon*, der als Diener anpassungsfähig sein muss, hat in der Hartnäckigkeit seiner Argumentation, mit der er – entgegen allem Anschein – Mercure gegenüber darauf beharrt, er selbst zu sein, etwas von diesem Starrsinn. (Sosies Hartnäckigkeit wirkt allerdings sympathischer als die der Väter und Herren, weil sie mit mediterranem Temperament, mit Schwadronierlust und Spitzfindigkeit gepaart ist – nicht unähnlich derjenigen, die wir von Dom Juans Diener Sganarelle her kennen.) Starrsinn kann bis zu mechanisch wirkenden Verhaltensweisen führen: das ist, was Bergson beobachtet und an der Repetitionskomik Orgons und Harpagons analysiert hat. Wiederholt der eine stereotyp sein »le pauvre homme«, der andere sein »sans dot«, so wirken beide auch als Fremdkörper im sozialen Kontext, dem sie sich in Richtung Vergangenheit entziehen. Hier fügt sich Bergsons Analyse zur historisch-soziologischen, wie man sie etwa in Erich Köhlers Molière-Vorlesung (1983) finden kann. Starrsinn machte Molières Sganarelle-Nachfahren altfränkisch, unangepasst an die höfische Entwicklung und an das geltende Ideal der »Honnêteté«, das zweifellos sein eigenes war. Sein Geheimnis war es freilich, wie er die Schwarz-Weiß-Zeichnung vermied und immer wieder auch etwas von den Werten der ›guten alten Zeit‹ mit hindurchschimmern ließ. Schließlich war früher nicht alles schlecht: Keiner macht das – für den nachdenklichen, vor allem aber den heutigen Beobachter – deutlicher als Alceste, der eben nicht nur starrsinnig, sondern auch aufrecht und ehrlich, integer und entschlossen ist (oder sich doch so gibt).

Alceste ist im Übrigen ein vornehmer Mann. Er steht dem Hof nicht fern, dürfte also adlig sein. Solche Höhen hatte der Sganarelle-Typ bisher nicht erklommen. Er gehörte fast immer dem Bürgerstand an (wenn er nicht ausnahmsweise Diener oder Taglöhner war). Monsieur Jourdain hingegen und George Dandin sind klassenflüchtig. Sie sind Parvenüs, Bürgersleute, die in den Adel hinauf wollen. Auch das wollen sie mit Starrsinn – und haben infolgedessen kein Glück dabei. Sie fühlen sich nicht wohl in ihrer (sozialen) Haut und wollen etwas Besseres sein, als sie sind. Das galt bereits für Arnolphe, der sich Monsieur de la Souche nennen ließ – nur war die Thematik in der *École des Femmes* nicht zentral. Nun dient die dem Typ angeborene Plumpheit, sein notorisches Ungeschick und seine materielle Gesinnung einem ideologischen Zweck, hinter dem man sicher die taktische Absicht des Theatermannes erblicken kann, dem alles darauf ankam, sich die Gunst des Königs zu erhalten. Dass diese Taktik nicht ohne weiteres mit einer konservativen Gesinnung gleichgesetzt werden darf, ergibt sich freilich aus der Tatsache der Lächerlichmachung alles Gestrigen. Pelous bringt die unglückliche Aufstiegssucht zudem mit der unglücklichen Liebe Sganarelles zusammen: Hier wie dort verlangt er nach etwas, was für ihn unerreichbar ist. Vielleicht kann man sogar das verquere Glaubensverhalten Orgons in diesem Zusammenhang sehen: Was dieser für Religion hält, ist ja bestenfalls Aberglauben, es ist vor allem Angst vor der Verdammnis. (Der Sganarelle des Dom Juan fürchtet sich vor dem »moine bourru«, und Argans Glaube an die Heilkunst ist erst recht ein Aberglaube, von religiöser Inbrunst getragen und ängstlichen Erlösungsvorstellungen geprägt.)

Wäre nun dieser Sganarelle mit seinen verschiedenen Nachkommen (die wir aus heuristischen Gründen stärker vereinheitlichen, als ihre Vielfalt es eigentlich erlaubt) nur ein Muster sozialer Unangepasstheit, so erschöpfte sich die Frage der Wissenschaft in der Frage nach Molières »sozialem Standort«. Pelous hat aber sicher Recht, wenn er zum Schluss seines Aufsatzes die allgemein menschliche Dimension des gespielten Typs herausstreicht. Damit soll nicht der alten These von Molières Überzeitlichkeit (im Sinne eines Nicht-Gebundenseins an seine Zeit) das Wort geredet werden. Es geht um ein Hinausgehen über diese Bindung, nicht um eine Lösung von ihr. Denn in ihrer Verkehrtheit, ihrem verqueren Wesen, verkörpern ja Molières Lieblingsrollen nicht mehr und nicht weniger als den platonischen Kern aller Komik: das Verkennen ihrer selbst. Wie bewundernswert sehen sich doch der Sganarelle des *Cocu imaginaire* oder der Sosie des *Amphitryon*:

»Peut-on trouver en moi quelque chose à redire?
Cette taille, ce port que tout le monde admire,
Ce visage si propre à donner de l'amour«

(Kann man an mir etwas auszusetzen finden? / Diese Figur, diese Haltung, die jeder bewundert, / Dies Gesicht, das so geeignet ist, Liebe zu entzünden; V. 165–167).

So spricht der Erstere, und der Zweite sieht sich nicht anders, als er vor seinem Double steht:

»Des pieds jusqu'à la tête il est comme moi fait,
Beau, l'air noble, bien pris, les manières charmantes«

(Von den Füßen bis zum Kopf ist er gebaut wie ich, / Schön, edel und wohlgestalt, mit bezaubernden Manieren; V. 783 f.).

Molières Komödien gingen nicht gut aus, wenn diese Starrköpfe sich nicht über sich selbst ebenso täuschten, wie sie sich über andere täuschen. Jourdain glaubt an den Großtürken, Argan lässt sich voller Begeisterung zum Doktor promovieren. Und immer wieder sind sie die Betrogenen, wenn sie andere zu betrügen hoffen. Das hängt auch mit ihrem Alter zusammen (meist zwischen vierzig und fünfzig). Die Jungen haben da eben mehr Glück, wie's sich für die Komödie gehört. Die Sganarelles haben aber auch verdient, düpiert zu werden, denn sie meinen es in ihrer nicht selten bis zum Bösartigen gehenden Manie meist nicht gut mit den Menschen. Zu sagen, in Molières Komödien würde das Böse bestraft, ginge zu weit, aber die Personen, die es verkörpern – und die er nota bene stets selber spielte –, kommen doch nicht ganz ungeschoren davon. Zumindest bleiben sie einsam, sie bleiben, was sie sind – und das ist freilich Strafe genug.

III

Adel, Bürgertum und Dienerschaft in Molières Komödien

Betrachten wir zunächst Molières Verhältnis zu dem Stand, dem er entstammte, dem Bürgertum. Die politische Konstellation, von der man ausgehen muss, um es zu verstehen, ist bekannt: Ludwig XIV. brauchte die Unterstützung des Bürgertums im Kampf um die Entmachtung der großen Feudalherren, die Erinnerung an die »Fronde« bestimmte die Anfangsjahre seiner Regierung ebenso wie die Colbertsche Wirtschaftspolitik, die das Bündnis zwischen dem König und dem Handel treibenden Bürgertum befürwortete. Molière, der auf die Gunst des Monarchen angewiesen war, um in Paris Karriere machen zu können, durfte sich mit dem Bürgertum nicht anlegen – oder andersherum, wenn er Bürgerliche in günstigem Lichte erscheinen ließ, brauchte er deswegen nicht mit einer Verstimmung des jungen Königs zu rechnen. Von daher ist es nur erstaunlich zu nennen, wie wenig Molière dieses Gebot der Stunde befolgte: Man muss eindeutig sympathische Bürgersleute in seinem Theater mit der Lupe suchen.

Gorgibus, der Vater der lächerlichen Preziösen, ist es nicht: »je veux être maître absolu« (Szene 4), sagt er und erklärt rundheraus, dass er das Geschwätz seiner versponnenen Tochter und Nichte nicht länger dulden wolle, sondern sie an die von ihm ausersehenen Männer verheiraten werde, deren »Familien und Besitztum« er kenne (ebd.). Gewiss kann man sagen, dass der unverfälschte, kernige Ton des alten Mannes sich immer noch positiv vom verkünstelten Getue der jungen Damen abhebt: Relativ gesehen, steht Gorgibus sympathisch da, aber für sich genommen kann er nicht als eine Idealfigur gelten.

Seine Geradheit grenzt ans Störrische, seine Rede spricht nicht für Intelligenz, sein Erwerbssinn ist ohne menschliche Rücksicht, sein Auftreten zugleich altfränkisch und autoritär. Der Sganarelle der *École des Maris* ist Gorgibus' nächster, der Arnolphe der *École des Femmes* der übernächste Nachfolger: Es erübrigt sich, deren altmodische und halsstarrige, im Falle Arnolphes ins Inhumane und Tyrannische mündende Art noch einmal zu beschreiben.

Es dürfte kaum zu leugnen sein, dass Molière mit ihnen einen Hang zum Zurückbleiben, ein Unvermögen zur Anpassung an die fortschrittliche Entwicklung der Zeit, insbesondere ein Nicht-Mitkommen mit der Emanzipation der Frauen und der Liberalisierung der Jugend hat brandmarken wollen, die bis zu einem gewissen Grade als standestypisch gelten können. George Dandin verkörpert die gleichen Untugenden wie Gorgibus, Sganarelle und Arnolphe. Paul Bénichou hat mit Recht auf die Unfähigkeit Dandins, Liebe und Ehe anders als ein Geschäft auf Gegenseitigkeit aufzufassen, hingewiesen. Seine späte Einsicht hilft dem unglücklichen *Monsieur de la Dandinière* nicht über seine Verfehlung hinweg. Sie besteht nicht so sehr in dem Bestreben, durch die Heirat der Tochter der Sotenvilles in den Adel aufzurücken, als vielmehr darin, dass er innerlich ›bürgerlich‹ bleibt. Das Phänomen des sozialen Aufstiegs wird weniger verurteilt als das plumpe Verhalten des *Parvenus*. Die Tatsache, dass Molière selber den Dandin spielte – und ihn so spielte, wie er den Arnolphe und den Sganarelle zu spielen pflegte, nämlich linkisch, tapsig, uneins mit sich selbst –, belegt, dass diese Figur nicht bemitleidet werden sollte. Das Stück ist bitter, aber nicht tragisch.

Das thematische ›Pendant‹ zum *George Dandin*, der *Bourgeois Gentilhomme*, unterscheidet sich atmosphärisch hiervon: Es ist eines der heitersten Stücke Molières. Die für eine festliche Gelegenheit rasch improvisierte Komödie verdient nichtsdestoweniger ernst genommen zu werden. Für die Bestimmung von Molières sozialem Standort ist sie jedenfalls höchst aufschlussreich.

Zunächst: Monsieur Jourdain, der Bürger, der ein Edelmann sein will. Sollte man nicht lieber sagen: der den Edelmann spielen will? Verglichen mit George Dandin ist er selbst ebenso harmlos wie alles, was mit ihm geschieht. Jourdain ist wieder ein Sganarelle unter anderem Namen: Dafür spricht sowohl seine Tolpatschigkeit und sein Ungeschick im Nachäffen der adligen Formen als auch sein verdächtig gutes Zahlengedächtnis und, nicht zuletzt, seine Sinnlichkeit. Aber zugleich ist er doch auch ein beinahe liebenswerter Kerl, vor allem durch seine immer wieder durchbrechende Natürlichkeit – etwa dort, wo er die »Trompette marine« als sein Lieblingsinstrument erklärt, oder dort, wo er sagt, von »Moral« wolle er nichts wissen, denn er sei von Natur aus »gallig«: »il n'y a morale qui tienne, je me veux mettre en colère tout mon soûl« (II,4). Von hier ist der Weg zu Alceste im *Misanthrope* nicht weit. (»Moi, je veux me fâcher, et ne veux point entendre«, sagt Alceste, V. 5.) Molière tat seinem adligen Publikum mit dem *Bourgeois Gentilhomme* den Gefallen, einen sozialen Vorgang zu verharmlosen, der in Wirklichkeit – jedenfalls aus altadliger Perspektive gesehen – keineswegs ungefährlich war, eben den Aufstieg der reich gewordenen Bürgerlichen in den Adel. Jules Brody hat das in seinem Aufsatz *Esthétique et société chez Molière* überzeugend dargelegt. Molière verschaffte dem Adel das Vergnügen, im Theater über den bürgerlichen Parvenu lachen zu dürfen, während er sich in Wirklichkeit mit dem Aufstiegsphänomen als unvermeidlicher Folge seiner Verarmung abfinden musste. Nichts spricht dafür, dass die Aufsteigenden stets so lächerlich gewesen wären wie Monsieur Jourdain. »les aventures bouffonnes de Jourdain sont un travestissement de la réalité sociale«, schreibt Brody, und er spricht von einem »Mythos«, den Molière mit seinem Stück aufbaute, indem er den Emporkömmling ästhetisch verurteilenswert erscheinen ließ.[1]

Es ist hier, wenn je, an die Bemerkung über den ›Teufel‹ zu erinnern, der uns von seiner Nicht-Existenz überzeugen will: Der ganze kolossale Ulk mit Monsieur Jourdain könnte sehr wohl als ein Vertuschungsmanöver Molières angesehen werden, hinter dem sich seine Einsicht in die Gefährlichkeit der sozialen Antagonismen verbirgt. Meist wird, bei der Behandlung unseres Themas, in dem Zusammenhang auf die Figur des Cléonte hingewiesen, der als eine ideale Gegenfigur zu Jourdain aufzufassen sei. Cléonte ist der Angepasste. Er will sich nicht *Gentilhomme* nennen, obwohl seine Eltern »des charges honorables« innehatten – also bereits in die »Noblesse de robe« aufzurücken begonnen hatten. »So also sieht ein standesbewußter junger Bürgersmann aus, ein honnête homme, der seinen Platz in der Gesellschaft kennt«, schreibt Erich Auerbach.[2] Aber ist nicht auch das ein Wunschbild, das Molière dem Adel vorgaukelt, ist nicht auch hier verharmlosende Schönfärberei mit im Spiel? Um zu sehen, welche Töne das Bürgertum dem Adel gegenüber – zumindest in Einzelfällen – damals schon anschlagen konnte, muss man sich an Madame Jourdains Gespräch mit Dorante in *Le Bourgeois Gentilhomme* erinnern:

»DORANTE. Vous me semblez toute mélancolique: qu'avez-vous, Madame Jourdain?

MADAME JOURDAIN. J'ai la tête plus grosse que le poing, et si elle n'est pas enflée.

DORANTE. Mademoiselle votre fille, où est-elle, que je ne la vois point?

MADAME JOURDAIN. Mademoiselle ma fille est bien où elle est.

1 J. Brody, »Esthétique et société chez Molière«, in: *Dramaturgie et Société*, colloque international, Paris 1968, S. 316f.

2 E. Auerbach, *Mimesis. Dargestellte Wirklichkeit in der abendländischen Literatur*, Bern 1946, Kap. XIV.

DORANTE. Comment se porte-t-elle?

MADAME JOURDAIN. Elle se porte sur ses deux jambes.

DORANTE. Ne voulez-vous point un de ces jours venir voir, avec elle, le ballet et la comédie que l'on fait chez le Roi?

MADAME JOURDAIN. Oui vraiment, nous avons fort envie de rire, fort envie de rire nous avons.

DORANTE. Je pense, Madame Jourdain, que vous avez eu bien des amants dans votre jeune âge, belle et d'agréable humeur comme vous étiez.

MADAME JOURDAIN. Tredame, Monsieur, est-ce que Madame Jourdain est décrépite, et la tête lui grouille-t-elle déjà?

DORANTE. Ah! ma foi! Madame Jourdain, je vous demande pardon. Je ne songeais pas que vous êtes jeune, et je rêve le plus souvent. Je vous prie d'excuser mon impertinence.«

(»DORANTE. Sie kommen mir ganz melancholisch vor, was haben Sie, Madame Jourdain?

MADAME JOURDAIN. Was ich habe? Mein Kopf ist größer als die Faust – und ist doch nicht geschwollen.

DORANTE. Wo ist Ihr Fräulein Tochter? Ich sehe sie nicht.

MADAME JOURDAIN. Mein Fräulein Tochter ist gut da, wo sie ist.

DORANTE. Wie geht es ihr?

MADAME JOURDAIN. Sie geht auf ihren zwei Beinen.

DORANTE. Wollen Sie nicht mit ihr einmal das Ballett und das Schauspiel ansehen, das der König bietet?

MADAME JOURDAIN. Ach ja, wir haben gerade Lust zu lachen, zu lachen haben wir Lust.

DORANTE. Ich denke, Madame Jourdain, in Ihrer Jugend haben Sie viele Liebhaber gehabt, schön und gut gelaunt, wie Sie waren.

MADAME JOURDAIN. Verflixt, Monsieur, ist Madame Jourdain schon dekrepit, und wackelt ihr der Kopf?

DORANTE. Ah, bei Gott, Madame Jourdain, ich bitte um Verzeihung. Ich dachte nicht daran, dass Sie ja noch jung sind und bin oft in Gedanken verloren. Ich bitte Sie, meine Unverschämtheit zu entschuldigen«; III,5).

Die Szene kann verschieden gespielt werden. Der Text ermöglicht es durchaus, sie so zu spielen, dass der adlige Stutzer Zug um Zug den Kürzeren zieht. Er wird dann von der Bürgersfrau regelrecht ›fertiggemacht‹. Nichts fruchtet: Weder sein scheinbares Eingehen auf sie selbst, noch die scheinbare Anteilnahme am Wohlergehen der Tochter, weder die Anspielung auf den Hof – die doch bei Monsieur Jourdain unfehlbar ›zog‹ –, noch diejenige auf Frau Jourdains muntere Jugend. Schließlich muss Dorante sich für seine Ungehörigkeiten entschuldigen. Aller Glanz fällt dabei von dem doch sonst so selbstsicheren Grafen ab, wie schlechter Putz, der von der Wand abbröckelt. Alle Galanterie erweist sich, hier, wo eine Person, die ernstere Sorgen hat, ihr Adressat ist, als hohle, eitle Phrase. Die verlegene Selbstbeschuldigung zum Schluss wirkt wie eine Demütigung, der sich der Vertreter des adligen Standes vor der wackeren Bürgersfrau unterziehen muss. Man kennt derlei Demütigungen sonst nur bei Bürgerlichen in Molières Theater. Die kurze Szene ist, mit ihrer außergewöhnlichen Schärfe inmitten des unverbindlich-heiteren Spiels, ein Beweis dafür, dass Molière ›auch anders konnte‹. Es muss nicht jedem einleuchten: Aber es kann ein echter Groll auf die müßige Adelsgesellschaft sehr wohl aus dem Text herausgehört werden, der aus den Tiefen von Molières eigenem Empfinden stammte und der sich jedenfalls deutlich von dem Oberflächenspiel rundherum unterscheidet.

Wir sind damit schon zum Thema »Molière und der Adel« übergegangen. Hier gilt es zunächst zu bedenken, dass die Voraussetzungen anders sind. Vom Bürgertum konnte Molière sich abwenden, ohne etwas befürchten zu müssen, ebenso gut aber konnte er sich ihm zuwenden, ohne etwas davon erhoffen zu können: Das Bürgertum (das sich ja über viele Schichten, vom schlichten Landmann bis zum anspruchsvollen Bürger der Großstadt erstreckte) war nicht tonangebend, wenn auch sehr wohl vertreten im Theaterpublikum der Zeit. Nur der Adel war gesellschaftlich mächtig genug, um jemandem, der ihn angriff, gefährlich werden zu können. Antoine Adam dokumentiert in seiner Literaturgeschichte, dass dem im Falle Molières auch so war. Mit dem lächerlichsten aller lächerlichen Adligen, dem einfach »Le Marquis« genannten Dummkopf der *Critique de l'École des Femmes* soll Molière, nach Adam, den Chevalier d'Armagnac im Auge gehabt haben, »qui s'y reconnut et se fâcha« (Bd. 3, S. 289). Die Anekdote, dass der Herzog de la Feuillade Molière bei der Weste gepackt und so lange an den Knöpfen seines herzoglichen Anzugs hin- und hergerieben habe, bis das Gesicht des Komödianten blutete, mag erfunden sein. Belegt ist das Faktum, dass der eben genannte Chevalier Molière einmal die Perücke auf dem Kopf herumgedreht hat, sodass dieser sich zeitlebens daran erinnerte: Antoine Adam weist darauf hin, dass die Sache sogar von zwei Zeugen überliefert ist, von Brossette und Donneau de Visé (ebd., S. 290, Anm.).

Molière hat sich bekanntlich damit verteidigt, dass er sagte, er habe nur die Ausnahmen, nicht die Regel kritisieren wollen, nur »ein Dutzend Herren, die mit ihrem extravaganten Benehmen die Hofleute diskreditieren« gemeint, als er seinen »marquis ridicule« auf die Bühne stellte. Aber warum sollte es sich mit diesem Argument anders verhalten als mit der Unterscheidung zwischen den »falschen« und den »wahren Frommen« oder den nachäffenden und den authentischen Preziösen? Insofern das Preziösentum selber Unnatur war und insofern das Christentum im Grunde der Naturauffassung Molières entgegenstand, hat die eine wie die andere Unterscheidung Alibi-Charakter. Man kann es drehen und wenden, wie man will, die lächerlichen Adligen bleiben Adlige, und es war damals keineswegs so allgemein üblich, wie Molière im *Impromptu de Versailles* vorgibt, das Publikum mit solchen Figuren zu belustigen. Die Behauptung darin: »Le marquis aujourd'hui est le plaisant de la comédie« (2. Szene), ist eine Verallgemeinerung, die mehr für das taktische Geschick Molières spricht als für die historische Wahrheit.

Aber selbst wenn wir die zahlreichen eitlen Gecken und anmaßenden Stutzer in Molières Komödien, die da als »marquis ridicules« auftreten, bürgerlichen Ehemännern die Hörner aufzusetzen trachten, von nichts etwas verstehen und doch über alles ein Urteil haben, *nicht* als ausreichende Indizien dafür ansehen wollen, dass Molière mit dem Adel selbst ein Hühnchen zu rupfen hatte, so reicht der *Dom Juan* aus, Molière ein kritisches Verhältnis zu dieser Schicht zu bescheinigen. Im *Dom-Juan*-Abschnitt dieses Buches wird unterstrichen, dass Molières Verführer einen bestimmten Typ des französischen Adels verkörpert und sich dadurch von seinen Vorgängern unterscheidet. Warum hat Molière die Erscheinung des »grandseigneur méchant homme« aufgegriffen, warum hat er die traditionelle Gestalt des Don Juan in dieser Richtung weiterentwickelt, wenn nicht in sozialkritischer Absicht? Dom Juan benutzt die Mittel, die sein Stand ihm an die Hand gibt, um zu seinen libertinen Zielen zu gelangen: Er verführt auch als Adliger, nicht nur als Mann. Die Szene mit den beiden Bauernmädchen macht das besonders deutlich. Dom Juan ist nicht lächerlich, sondern gefährlich – eben daraus lässt sich ablesen, dass Molière allen Ernstes auf ein gesellschaftliches Übel aufmerksam machen wollte. Natürlich bleibt er eine faszinierende Gestalt – auch und gerade für Sganarelle, den Mann aus dem Volk. Aber deswegen hat er doch die Sympathien seines Autors nicht: eine abwegigere Interpretation ließe sich kaum denken. Schließlich ist er ein Zyniker, als Hypokrit – und als Sohn. Die große Moralpredigt des Vaters in der 4. Szene des vierten Aktes ist für sich genommen zweifellos ein eindrucksvolles Plädoyer zugunsten einer »noblesse honnête« – aber darf man sie ›für sich nehmen‹? Durch den Kontext verliert diese ›Predigt‹ den Charakter einer positiven, proadligen Aussage weitgehend, oder kann ihn jedenfalls, entsprechend gespielt, verlieren. Man muss sich an das Faktum erinnern, dass Dom Louis ein Greis ist. Seit wann haben die Greise in der Komödie Recht, seit wann werden sie ernst genommen? Dom Juan demonstriert denn auch sofort das komödientypische Vorrecht der Jugend seinem Vater gegenüber durch sein überlegenes (wenn auch respektloses) Benehmen. Und die Rede des Dom Louis kann man auch als rhetorisch hohl und phrasenhaft empfinden. (Was er vorträgt, sind in der Tat großenteils Klischees.) Vor allem stellt er aber sich selbst moralisch dadurch in Frage, dass er zu seinem Sohn sagt:

> »De quel œil, à votre avis, pensez-vous que je puisse voir cet amas d'actions indignes, dont on a peine, aux yeux du monde, d'adoucir le mauvais visage, cette suite continuelle de méchantes affaires, qui nous réduisent, à toutes heures, à lasser les bontés du Souverain, et qui ont épuisé auprès de lui le mérite de mes services et le crédit de mes amis?«
> (Was meinst du wohl, wie mag mir zumute sein, wenn ich die Fülle erbärmlicher Handlungen mit ansehen muss, die es mir fast unmöglich machen, vor der Welt das Gesicht zu wahren, die unablässige Folge übler Abenteuer, die mich nötigen, die Gnade unseres Landesherren übermäßig zu bemühen, und die bei ihm längst die Nachsicht verwirkt haben, welche meine verdienstlichen Taten und die Gunst meiner Freunde mir eingetragen haben?; IV,4, Übers. H. Weigel).

Das Mindeste, was man angesichts dieser höfischen Bemühungen um Vertuschung der Skandale des Sohnes sagen kann, ist, dass auch der Vater nicht frei ist von der Korruption des Adels. Anne Ubersfeld deutet die Szene jedenfalls so.[3] Ihre Deutung mag überraschend klingen; sie hat manches für sich. Dom Juan braucht in der Tat die Taktik des »defensiven Konformismus«, die sein Vater ihm im höfischen Bereich vorgemacht hat, nur in den religiösen Bereich zu übertragen, und schon hat er seine neue Waffe der Hypokrisie in der Hand. So bleibt Dom Juan über seinen ach so ehrbaren Vater, der das Gegenstück des »grandseigneur méchant homme« zu sein schien, einer Korruption verhaftet, die zumindest virtuell mit dem Stand verbunden ist, dem Vater und Sohn angehören.

Neben dem lächerlichen, dem bösen und korrupten gibt es in Molières Theater den skrupellosen Vertreter des Adels. Als Mann verkörpert der Dorante des *Bourgeois Gentilhomme* den Typ, als Frau Angélique (in *George Dandin*). Dorante hat Monsieur Jourdain mit seiner Schmeichelei und seinem Imponiergehabe schließlich die Summe von 15 800 Livres entlockt. Er benutzt das Geld, um seiner Marquise standesgemäß den Hof machen zu können. Kein Wunder, wenn Madame Jourdain, die das alles durchschaut hat, ihm ins Gesicht sagt:

> »Cela est fort vilain à vous, pour un grand seigneur, de prêter la main comme vous faites aux sottises de mon mari.«
>
> (Es ist ganz gemein von Ihnen, als Edelmann den Torheiten meines Mannes Vorschub zu leisten, wie Sie es tun; IV,2).

Der Marquise bleibt sie übrigens auch kein Wort schuldig:

> »Et vous, Madame, pour une grand-Dame, cela n'est ni beau, ni honnête à vous, de mettre la dissension dans un

3 A. Ubersfeld, »Dom Juan et le noble vieillard«, in: *Europe* 441/442 (1966), S. 63 f.

ménage, et de souffrir que mon mari soit amoureux de vous.«

(Und für eine vornehme Dame wie Sie, Madame, ist es weder schön noch anständig, Ehezwiste anzustiften und zu dulden, dass mein Mann sich in Sie verliebt; IV,2).

Auf Angélique, die alles andere als engelhafte Frau des unglücklichen George Dandin, brauchen wir nur hinzuweisen: Ihr Verhalten ist, trotz aller Entschuldigungsgründe, keineswegs untadelig. (Die alten Sotenvilles zählen kaum als Vertreter ihres Standes: hier ist das Entscheidende die Provinz. Den Provinzadel lächerlich zu machen, bedeutet in Paris kein Risiko.) Vom gleichen Schlag wie Angélique ist die Dorimène aus *Le Mariage forcé*. Sie will Sganarelle nur heiraten, weil er Geld hat und alt ist, sodass sie »spätestens in sechs Monaten« Witwe zu sein hofft. Molière hat allerdings offen gelassen, ob sie dem Adel angehört oder nicht. Ihr Bruder »se mêle de porter l'épée« (1. Szene): Das spricht nicht für den Bürgerstand. Aber da die Adelszugehörigkeit nicht ausdrücklich erwähnt wird, lassen wir das Beispiel besser außer Betracht.

Zusammengefasst lässt sich somit sagen: Molières Verhältnis zu Bürgertum und Adel ist nahezu gleich negativ. Die Bürgerlichen sind entweder standesbewusst – dann sind sie starrsinnig, dünkelhaft oder fixen Ideen verfallen, wie Gorgibus, Sganarelle, Harpagon, Orgon oder Argan; oder sie wollen von ihrem Stand nichts mehr wissen und machen sich durch ihre missglückten Versuche, in den Adel aufzurücken, erst recht lächerlich. Ausnahmen – wie Madame Jourdain oder der junge Cléonte – bestätigen nur die Regel. Die Adligen sind, wenn sie auf ihren Adel pochen, lächerlich, wenn sie von den Privilegien ihres Standes Nutzen ziehen, moralisch verwerflich.

Nun könnte man behaupten, Molière zeichne eben alle Menschen negativ, sein Menschenbild sei »pessimistisch«; somit hätte diese Negativität oder dieser Pessimismus nichts mit Sozialkritik, nichts mit den genannten Ständen als solchen zu tun. Dem muss entgegengehalten werden, dass es in seinem Werk Vertreter eines Standes gibt, die, wenn nicht in der Regel, so doch auffallend häufig positiv gezeichnet werden: die Diener und vor allem: die Dienerinnen. Wie kam es dazu? Die Frage zwingt uns zu einem kurzen Rückblick auf die Komödientradition.

Schon in der Antike sind in der Komödie die Diener ihren Herren überlegen. Die häufigste Konstellation dürfte bereits damals die gewesen sein, dass Diener kraft ihrer Gerissenheit ihren jungen Herren, dem Willen der Väter entgegen, zu ihrem Liebesglück verhelfen. Sie bewirken nichts für sich selbst, es sei denn die Einsicht der jungen Herren, dass sie in Wahrheit von Dienern abhängen: Das soziale Gefüge, in dem der Herr oben, der Diener unten angesiedelt ist, wird in der antiken Komödie auf den Kopf gestellt – ohne realiter deswegen angetastet zu werden. Die Fiktion auf der Bühne erfüllte dabei höchstwahrscheinlich Publikumswünsche, die in der Wirklichkeit in der Regel nicht erfüllt wurden (Ausnahmen mochten die Bühnenfiktion immerhin legitimieren). Ob die »niedere Herkunft« der beiden römischen Komödienmeister ihr Teil zu dieser Konzeption beigetragen hat, mag dahingestellt sein; jedenfalls dürften publikumssoziologische Gründe für die antike Komödienkonzeption entscheidend gewesen sein. Schließlich waren Sklaven nicht selten gebildeter als ihre Herren. Sie verschafften sich im Geistigen die Position, die ihnen in der Lebenswirklichkeit vorenthalten wurde.

Die Lebensverhältnisse im Italien der Renaissance glichen denen der Antike vermutlich nicht in dem Maße, dass dies die Übernahme der Herr-Diener-Beziehungen von der antiken Komödie, so wie es geschehen ist, ohne weiteres rechtfertigte. Es gab keine griechischen Sklaven mehr, wenn es auch sicher Menschen in dienender Stellung genug gab, denen es nicht gut ging. Wie in anderen

Fällen auch, dürfte die literarische Tradition hier zunächst vorrangig wirksam gewesen sein. Der Renaissancehumanist sah seine eigene Zeit durch die Brille der Antike. Vieles ist bekanntlich damals von der verlebendigten humanistischen Theorie in die Lebenspraxis hinübergeführt worden. Was die Diener der Komödie anlangt, so sprechen auch die vielen Typen der Commedia dell'arte, die Dienerrollen spielen, dafür, dass das antike Schema mit Vorliebe aufgenommen und phantasievoll erweitert wurde. Die Commedia dell'arte stellte den populären Zweig der neuen Komödie dar, kein Wunder, dass gerade in ihr die Neigung, den Dienenden das große Wort zu geben, so stark war. Sie beziehen zwar regelmäßig Prügel, erweisen sich aber doch durch Bauernschläue oder Mutterwitz oft genug als ihren Herren überlegen – zumal diese eben vorzugsweise dumm, eitel, vernarrt, verliebt oder in Bücher verbohrt zu sein pflegen. Die Unterschiede zur Commedia erudita dürften in diesem Punkte allenfalls graduell sein.

Molière hat (sagten wir) von den Italienern das meiste gelernt. Dazu gehört auch die Rolle der Diener. Um noch einmal auf Molières erste ausformulierte Komödie, *L'Étourdi*, zurückzukommen, so fällt nichts *mehr* daran auf, als die überlegene Rolle des Dieners Mascarille. Man hat mit Recht gesagt, dass der Herr in diesem Stück eigentlich nur dazu da ist, dem Diener das Stichwort zu geben: »Lélie n'est que l'aiguillon qui le pousse à mieux faire«, schreibt Marcel Gutwirth.[4] Molières Mascarille ist dem Scappino aus Beltrames *L'Inavvertito* nachgestaltet. Blickt man zurück auf diese ebenfalls souveräne Dienergestalt, so fällt eine besondere Akzentuierung an ihr auf: dieser Scappino ist nicht nur wendig, schlagfertig und schlau, sondern er verfügt über mehr Lebenserfahrung als sein junger Herr und dessen Angebetete.

4 M. Gutwirth, *Molière ou l'invention comique*, Paris 1966, S. 34.

Diese besondere Zuspitzung der traditionellen Dienerüberlegenheit ist in zweifacher Hinsicht interessant: einmal motiviert sie die von der Antike überlieferte Rolle zeitgemäß (der junge Herr ist ein Studiosus, er hat die Schlechtigkeit der Menschen weder durch eigene Erfahrung, noch durch Not – so wie der Diener – kennen gelernt), zum anderen weist sie auf einen Begriff hin, der bei Molière eine zentrale Rolle spielen wird: »l'école du monde«.

Mascarille und Scapin sind Molières ›italienischste‹ Dienerfiguren. Sie sind, trotz der erwähnten Zuspitzung, alles in allem zu traditionell, um spezifische Aussagen zu Molière zu erlauben. Es wurde schon gesagt, dass Molière den Mascarille spielte, aber dann in eine andere Rolle überwechselte, der er künftig treu blieb: nicht mehr den überlegenen, durch seine wendige Akrobatik jedermann blendenden Diener, sondern den ungeschickten, überall aneckenden Typ. Meist heißt er Sganarelle. Von ihm als gehörnten Ehemann und Parvenu war schon die Rede. Einmal ist er auch Diener: im *Dom Juan*. Er bleibt auch dort der linkische, vom Missgeschick verfolgte, eifrige gute Kerl. Damit, dass man feststellt, wie »feige« er sei, im Gegensatz zu seinem Herrn, dem man vieles absprechen kann, nur nicht den Mut, ist nichts gewonnen. Raymond Temkine hat in der schon mehrfach herangezogenen Sondernummer der Zeitschrift *Europe* mit Recht von einem »mensonge vital« gesprochen: Sganarelle bleibt gar nichts anderes übrig, als seinem Herrn nach dem Munde zu reden – sobald dieser es verlangt. Er weicht der Gewalt: Alle Macht liegt bei dem Herrn. Sganarelle ist vor allem finanziell gänzlich abhängig von Dom Juan (der Schlussruf »mes gages« macht das vollkommen deutlich: Der Diener lebte ohne regelmäßiges Gehalt und wurde in der Regel erst ›ausgezahlt‹, wenn er seinen Herrn verließ!). Seine Lage ist damit zutreffend gekennzeichnet. Es mag sein, dass sein Mundwerk mit ihm durchgeht, wenn er seinen Herrn »le plus grand scélérat que la terre ait jamais porté, un enragé, un chien, un diable, un Turc, un hérétique« (ebd.) nennt. Sein Mundwerk geht überhaupt immer wieder mit Sganarelle durch: und man weiß, wie wenig das fruchtet. Dreimal macht er einen großen Anlauf, seinen Herrn zu bekehren (in I,2, III,1 und V,3). Bei jedem dieser Dispute zieht Sganarelle den Kürzeren – am deutlichsten dort, wo er schließlich, über sich selbst stolpernd, zu Boden fällt bei dem Versuch, seinen Gottesbeweis durch die Geste zu unterstreichen: Aber die Tatsache, dass er mit seinem Argument auf die Nase fällt, kann nicht darüber hinwegtäuschen, dass er als Einziger es immerhin versucht, ernsthaft gegen seinen libertinen Herrn ›anzuargumentieren‹. Und es ist denn doch zu leichthin gesprochen, wenn man einfach sagt, Sganarelle sei seinem Herrn unterlegen. Er ist ihm so viel und so wenig unterlegen wie der brave Soldat Schwejk seinen Vorgesetzten. Schon die Art, wie er Donna Elvira im Auftrag seines Herrn abfertigt: »Madame, les conquérants, Alexandre et les autres mondes sont cause de notre départ« (I,3), spricht für Sganarelles Schlauheit. Er hat seinen Herrn durchschaut. Das zeigt sich wiederholt.

Sganarelle wehrt sich mit dem Verteidigungsmittel der Schwachen gegen den Stärkeren, der Ironie. Durch die Ironie aber erweist der Unterlegene sich in gewisser Weise als der Überlegene: Hat er auch Angst, so bleibt ihm doch der Witz! Das Gleiche gilt für den Sosie des *Amphitryon*. Im Übrigen ist Sganarelle nicht nur schlau – ›bauernschlau‹, wenn man so will –, sondern er hat auch ein ›gutes Herz‹. Sein Schluchzen angesichts von Donna Elvira im Büßergewand (IV,6) beweist es. Antoine Adam interpretiert offensichtlich falsch, wenn er von Dom Juan und Sganarelle als »cette inquiétante paire de coquins différents et semblables« spricht (S. 333). Dom Juan ist ein Zyniker, Sganarelle schlimmstenfalls ein armer Tropf. Nicht nur, dass Sganarelle immer wieder für ihn seine Haut zu Markte tragen muss, nein, Dom Juan scheint sich seiner Überlegenheit durch die Unterlegenheitsbeweise Sganarelles zu vergewissern. Wie er sich seiner Verführerqualitäten durch die Eroberung immer neuer Frauen vergewissert, so versichert er sich seiner Herrenqualität durch die wiederholt vergeblichen Anläufe des Dieners, ihn im Disput zu widerlegen. Dom Juan weiß, dass er die Oberhand behalten wird – aber warum lässt er es zu, dass der Diener ihn herausfordert, wenn nicht, um seine Überlegenheit zu beweisen?

Mag man es bei Sganarelle allenfalls noch bezweifeln, so stellen Dorine und Toinette, Molières schlaueste und energischste Dienerinnen, einen vor die vollendete Tatsache: Sie sind ihren Herren überlegen. Schon die Nicole des *Bourgeois Gentilhomme* war nicht nur nie ums Wort verlegen, sondern neben Madame Jourdain die gewichtigste Gegenspielerin des Herrn Jourdain. Sie sagt dem närrischen Mann ihre Meinung genauso unverblümt wie seine eigene Frau, mehr noch: Sie lacht ihn ungeniert aus (in III,2). Im *Tartuffe* zeigt sich von vornherein, wer den Heuchler bis auf den Grund seiner schwarzen Seele durchschaut: die Zofe Dorine. Sie wird zwar im Personenverzeichnis als »suivante« gekennzeichnet, was ihre Vertraulichkeit im Umgang mit der Herrschaft verständlich machen soll. Ist sie eher eine Zofe als eine Magd, so nimmt das ihrer Sprache jedoch nichts von ihrer Derbheit. Auf die feineren Einstufungsunterschiede kommt es jedoch hier nicht an. Damis, dem unbeherrschten Sohn, sagt Dorine, wie man Tartuffe beikommen kann: nämlich durch seine Schwäche für Madame. Die Entlarvung des Betrügers ist hier zwar noch nicht ihre Sache, sondern diejenige Elmires – aber es liegt lediglich an der Konstruktion des Stückes, dass nur Madame den Lüstling in die Falle locken kann. Im *Malade imaginaire* wird das anders: Dort wird die Zofe zur Leiterin der Intrige, sie erfindet die List mit dem ›Scheintod‹ Argans, sie deckt die Heimtücke der Frau und die Bravheit des Töchterchens auf, und sie fädelt die Doktorpromotion des Schlusses ein, indem sie sich als Arzt verkleidet ... Argan will seine Tochter ins Kloster schicken. Toinette widersetzt sich. Sie tut es mit einem Argument, das wir von Scapin her kennen: dem Appell an die väterliche Güte. Eine Szene des *Malade imaginaire* (I,6) wiederholt zum Teil wörtlich einen Dialog aus den *Fourberies de Scapin* (II,1).

In einer Arbeit über *Les valets et les servantes dans le théâtre de Molière* hat der Verfasser, Jean Emelina, versucht, die dienenden Personen in drei Kategorien einzuteilen: den »valet fourbe«, den »valet maladroit et lourdaud« und den »valet de bon sens«. Die Einteilung ist entschieden zu schematisch – wie sich im Verlauf der Untersuchung auch herausstellt. Sganarelle zum Beispiel ist »maladroit et lourdaud« und doch nicht ohne »bon sens«; Scapin ist zwar stets ein »fourbe«, aber auch er hat etwas von der welterfahrenen Klugheit, die im »bon sens« mit enthalten ist. Die Zofen Dorine und Toinette schließlich sind vor allem durch ihren »bon sens« gekennzeichnet, aber das hindert sie keineswegs, auch gelegentlich »fourbe« zu sein. Wer vernünftig ist, heißt das, hat mehr zu sagen, als wer in der sozialen Hierarchie auf der höheren Sprosse steht: Der Rationalismus soll sich auch dort durchsetzen, wo er gegen die bestehenden Herrschaftsverhältnisse verstößt: »[...] wenn ein Herr nicht mehr recht weiß, was er tut, hat eine vernünftige Dienerin das Recht, ihn zurechtzuweisen«!

Das ist eine Sprache, die in der Tat diese Zofe als eine »Vorbotin« Figaros erscheinen lassen kann (wie Arnold Hauser bemerkte[5]). Und diese Sprache ist umso wirksamer, als sie, ungleich derjenigen der bloß räsonierenden

5 A. Hauser, *Sozialgeschichte der Kunst und Literatur*, München 1967, S. 492.

›Räsonneurs‹ in Molières Theater, von dem entsprechenden Tun begleitet wird. Man sollte ihr vielleicht doch ein wenig mehr, und den bekannten Phrasen eines Philinte etwas weniger Rechnung tragen, um Molières ›sozialer Position‹ gerecht zu werden.[6]

6 Dieses Kapitel ist die gekürzte und veränderte Fassung meines Aufsatzes »Molière und die Gesellschaftsordnung seiner Zeit« in: *Molière*, hrsg. von Renate Baader, Darmstadt 1980, S. 232–258.

IV

Die Stücke

Die frühen Farcen

Mit den zehn Schauspielern des »Illustre Théâtre«, das der junge Molière gemeinsam mit der Schauspielerin Madeleine Béjart 1643 gegründet hatte, hatten die beiden in Paris keinen Erfolg gehabt. So zogen sie in die Provinz, schlossen sich 1645 einer bereits bestehenden Wandertruppe an, und gastierten in Toulouse, Carcassonne, Narbonne und anderen Städten Südfrankreichs. Ab 1650 übernahm Molière die Leitung der Truppe, deren Standplatz Lyon wurde, von wo aus aber erneut Tourneen unternommen wurden. 1658 installierte Molière sich dann in Rouen, um Paris näher zu sein, wo er im Oktober seinen Wiedereinzug hielt. Im Gepäck hatte er neben dem *Étourdi* auch die beiden Stücke, die oben als »Szenarien« bezeichnet wurden, *La jalouisie du Barbouillé* und *Le Médecin volant*. Nachdem die Texte, die in Wahrheit wenn auch kurzgefasste, so doch voll ausformulierte Schwänke waren, eine Zeit lang verschollen waren, tauchten sie 1731 wieder auf: der Odendichter Jean-Baptiste Rousseau (1671–1741), der sie, man weiß nicht wie, in die Hände bekommen hatte, nannte sie »des canevas« und äußerte sich höchst abschätzig über sie. Seit 1845 figurieren sie jedoch, nach Manuskripten, die in der »Bibliothèque Mazarine« aufgefunden wurden, in allen vollständigen Molière-Ausgaben. Liest man sie, ist man überrascht, nicht nur im »Docteur« des ersten Stückes den Philosophen Pancrace der *Mariage forcé* vorweggenommen zu finden, sondern auch in dem Sganarelle des zweiten den »Arzt wider Willen«.

»Le barbouillé«, das ist der »Bemehlte« der französischen Farce. Er ist (wie der Herausgeber der Molière-Ausgabe in den »Classiques Garnier«, Robert Jouanny, schreibt), »knauserig, mürrisch, eifersüchtig und dumm«, also ein Mann, wie wir ihm bei Molière immer wieder als Gatten einer jungen, lebenslustigen Frau begegnen werden. Diese heißt hier schon Angélique und wird ihrem griesgrämigen Ehemann bereits den Streich spielen, den man von der Angélique des *George Dandin* her kennt. Molière hat die Farce von 1660 bis 1664 sieben Mal aufführen lassen. Die Handlung geht ursprünglich auf eine Novelle von Boccaccio zurück (*Dekameron* VIII,4), ist aber sicher vor Molière schon von den italienischen Schauspielern auf die Bühne gebracht worden.

Da ihm seine kokette junge Frau mit ihrem Lebenswandel missfällt, überlegt der »Bemehlte«, wie er sie loswerden könnte. Soll er sie töten? Nein, das käme heraus, und er landete im Gefängnis. Soll er sie ins Gefängnis bringen? Nein, sie würde den Wärter verführen und freikommen. Was tun? In seiner Not wendet der Mann sich an einen Philosophen, den »Docteur«, von dem wir schon wissen, dass er nur schwadronieren, aber nicht zuhören kann. Seine Gelehrteneitelkeit ist ohne Grenzen, und er ist einzig damit beschäftigt, seine Verdienste (es sind zehn an der Zahl) aufzuzählen. Er behauptet zwar, auch das Geld nicht nehmen zu wollen, das der »Barbouillé« ihm schließlich verspricht, zeigt ihm (wie es unmissverständlich heißt) den nackten Hintern, nimmt es dann aber doch – und erteilt erst recht keinen Rat. Die Konsultation führte also zu nichts. Da kommen die anderen Personen des Stückes dazu, es gibt einen gewaltigen Tumult, alle reden zugleich, und der »Bemehlte« schleift den gelehrten Schwätzer an den Füßen von der Bühne. In der zweiten Hälfte des Stückes kehrt die junge Angélique spät abends von einer Lustbarkeit zurück und findet die Haustür verschlossen vor. Ihr Mann beschimpft sie vom Fenster herab. Da droht sie,

Madeleine Béjart, mit der zusammen Molière 1643 das »Illustre Théâtre« gründete

Anonymes Ölgemälde (17. Jh.)

sich umzubringen – und der Ehemann schaut nach, um zu sehen, ob sie es am Ende wirklich tut. Da schlüpft Angélique ins Haus und dreht den Schlüssel um: Der alte Griesgram ist draußen und wird nun seinerseits von Angélique beschimpft. Sein Vater Gorgibus – im *George Dandin* wird er »Monsieur de Sotenville« heißen – erblickt ihn, fordert ihn auf, sich zu entschuldigen, und der Philosoph, der plötzlich wieder zur Stelle ist, kommentiert das Geschehen mit der Lesung eines Kapitels aus Aristoteles' Schrift über die Versöhnung (die gar nicht stattgefunden hat).

Im *Médecin volant* spielt Sganarelle, wenn auch »wider Willen«, so doch gegen eine gute Bezahlung, den Arzt. Er soll der angeblich kranken Lucile einen Kuraufenthalt auf dem Lande verschreiben, damit diese sich dort mit ihrem Geliebten, Valère, treffen kann. Denn Villebrequin, den vom Vater für sie Ausersehenen, will sie nicht heiraten. Sganarelle bedient seine Zuhörer mit dem herrlichsten Küchenlatein und imponiert damit Luciles Vater Gorgibus. In der zweiten Hälfte des Stückes mimt Sganarelle zugleich den Arzt und dessen Zwillingsbruder, die miteinander zerstritten sind. Er wechselt mit atemberaubender Geschwindigkeit von einer Rolle in die andere, deswegen heißt das Stück »der fliegende Arzt«. Später wird Molière Scapin eine ähnliche Doppelrolle spielen lassen.

Ein Zeitgenosse Molières, Boursault, berichtet Jouanny im Vorwort zum *Médecin volant*, behauptete, die Farce entstamme den Italienern, sei aber schon mehrmals ins Französische übertragen worden. Er selbst, Boursault, hat ein grotesk-komisches Stück desselben Titels verfasst, das 1661 im »Hôtel de Bourgogne« aufgeführt wurde. Jouanny nennt es »un ouvrage très littéraire« und betont, um wie viel bühnenwirksamer die turbulente Fassung Molières sei. Wahrscheinlich gehen beide Stücke, das frühere von Molière und das spätere von Boursault, auf ein und dasselbe Szenario der Commedia dell'arte zurück. Dieses soll von dem Italiener, der sich Dominique nannte (aber

Armande Béjart, die Molière 1662 heiratete
Anonymes Ölgemälde (17. Jh.). – Es ist nicht geklärt, ob Armande die Schwester oder die Tochter von Madeleine Béjart war

Biancolelli hieß), stammen, der freilich erst 1660 in Paris ankam, während Molières Farce von 1659 stammt. Aber das beweise nichts, meint der beste Kenner der Commedia dell'arte, Gustave Attinger, dann fuße eben auch Biancolellis Version auf einem bereits vorliegenden »canovaccio«. Auf jeden Fall griff Molière auf einen *Medico volante* zurück, »den alle kannten«, wie wiederum ein anderer Zeitzeuge berichtet. Genauso wird er es später mit seinem *Dom Juan* machen, der gleichzeitig auf mehreren anderen Bühnen gespielt wurde. War die Sache bekannt und beliebt, lockte man damit erst recht Zuschauer an – vorausgesetzt, die neue Fassung unterschied sich ein bisschen von den anderen und wurde besser gespielt.

Molière ging es in diesem Erstling weniger um eine Ärztesatire und um Medizinkritik (wie später) als um eine Pedantenkarikatur. Sganarelles Logik ist tatsächlich umwerfend: Lucile erklärt, sie sei krank. »Fort bien« konstatiert Sganarelle und bezieht sich auf einen berühmten Arzt, der »hundert wunderbare Dinge« gesagt habe, zum Beispiel, dass »die Melancholie Feindin der Freude sei … und es nichts Gegenteiligeres zur Gesundheit gebe, als die Krankheit«, außerdem »färbe die Galle« einen gelb und folglich sei Lucile krank, da müsse er ihr ein Rezept verschreiben. Leider sei er, Sganarelle, so viel beschäftigt, dass er die Schreibkunst vergessen habe usw.

Molières Farce wurde von 1659 bis 1664 nicht weniger als fünfzehn Mal aufgeführt. Im November 1659 hatten *Les precieuses ridicules* Premiere. Erst mit dem Einakter *Le mariage forcé*, nach der *École des Femmes*, verschwand der »fliegende Arzt« von der Bühne.

Rückblickend von Molières diesen Keimen entsprossenen Komödien *Le mariage forcé*, *Le Médecin malgré lui* und *George Dandin*, belehren uns die beiden frühen Entwürfe über die doppelte Tradition, aus der Molière geschöpft hat, die einheimische Farce – dazu ist der Aufsatz von Gustave Lanson »Molière et la Farce« (1901) immer noch lesenswert – und die Commedia dell'arte. Sganarelle ist eine Figur der gauloisen Schwanktradition; bei den geizigen und herrschsüchtigen Alten weiß man nicht, ob man mehr an den Pantalone der Italiener oder an den Gaultier-Garguille der Franzosen denken soll. Der aristotelische Schwätzer ist natürlich der »Dottore« der italienischen Stegreifkomödie, aber sein Pedantentum lächerlich zu machen lag eben zugleich in der Linie der am höfischen Publikum orientierten Komik Molières. Den komischen Arzt kennt man wiederum aus der französischen Farce. Dort hieß er (sagt Lanson) Guillot-Gorju.

Es muss also angesichts dieser beiden Szenarien (wenn wir sie denn so nennen wollen) von einer Fusion der französischen mit der italienischen Komödientradition ausgegangen werden: In sie ist Molière eingestiegen, sie hat er weiter entwickelt. Zunächst kam es ihm vor allem auf die Bühnenwirksamkeit einzelner Episoden und die Konfrontation komischer Typen an, nicht auf eine in sich schlüssige Handlung, schon gar nicht auf das, was man später »Charakterkomödie« nennen wird. Von sozialer Satire ist hier auch noch nichts zu spüren: wohl aber gibt es bereits die lebenslustigen jungen Frauen, die an alte Männer verheiratet werden sollen oder verheiratet sind und sich, mit Hilfe von cleveren Zofen oder Dienern, zu ihrem Glück zu verhelfen wissen. Geschöpft hat Molière als Theaterpraktiker aus der Schauspielpraxis seines Landes und seiner Zeit, erst später kommt die Gesellschaftskritik, die Lebensbeobachtung, seine Philosophie, die Erfahrung und die schöpferische Genialität hinzu. Von der Literatur, auch von der antiken Komödienliteratur her, führt nur ausnahmsweise, im *Avare* und im *Amphitryon*, ein Weg zu Molière. Das heißt, man muss (oder sollte) Theaterhistoriker und Sozialhistoriker sein, um Molière zu verstehen.[1]

Les Précieuses ridicules (1659)

Molière schrieb diese einaktige Farce wohl auch deswegen in Prosa, weil er darin die sprachlichen Ticks der Provinzlerinnen, die die städtische Preziosität nachäffen, vorführen wollte und das nicht leicht in Versen zu machen war. Zwei junge Adlige, die hier noch – wie die Diener – die Namen der sie spielenden Schauspieler tragen, hören von

1 Detailliertere Angaben zu Molières frühen Farcen und ihren Vorlagen finden sich bei: Gustave Attinger, *L'esprit de la commedia dell'arte dans le théâtre français*, Paris 1950, S. 116ff.

den jungen Damen, die aus der Provinz in die Hauptstadt gekommen sind. Sie umwerben sie, bekommen aber eine Abfuhr, weil sie dem guten Ton (wie die Dämchen meinen) nicht entsprechen. Gorgibus, ihr Vater, der als »bon bourgeois« gekennzeichnet wird, aber den autoritären Vatertyp späterer Stücke ankündigt, ist empört, poltert und schimpft; die jungen Herren nehmen sich jedoch selbst weit wirksamer ihrer Rache an, indem sie ihre Diener als Marquis und Graf verkleidet die preziösen Jungfern hofieren lassen. Wie dumm die wirklich sind, ergibt sich (für das Publikum) schon daraus, dass sie nicht wissen, dass Mascarille und Jodelet Dienernamen sind. In einer rasanten Folge sich steigernder komischer Effekte – Kleidung, Tun und Sprechen tragen gleichermaßen dazu bei – spielen die beiden Diener sich mit Verve und gekonnter Übertreibung immer besser in ihre Rollen ein, bis sie schließlich von ihren überraschend auftauchenden Herren entlarvt, verprügelt und bis aufs Hemd ausgezogen werden. Die beiden Preziösen stehen sozusagen mit offenem Munde da und gehen selbstverständlich leer aus. So in Kürze der Inhalt.

Von der Handlung und der Prädominanz der Dienerrollen her gesehen, ist das Stück eine Farce, vom Thema her ist es Molières erste »Sittenkomödie«: Zum ersten Mal greift er eine Modeerscheinung auf und macht sie durch Übertreibung lächerlich. Zum ersten Mal stellt sich hier für uns damit zugleich die Frage, ob Molière die Sache selbst kritisieren wollte und es als taktisches Geschick aufzufassen ist, dass er sie in so übertriebener Form präsentierte, oder ob er wirklich nur die Übertreibungen angreifen wollte. Die Antwort fällt schon hier, wie später beim Tartuffe, schwer: Sie hängt davon ab, was man als den Kern der Preziosität ansieht (wie später: was man für das Wesentliche am Christentum hält). Insofern sie eine weibliche Emanzipationsbewegung war, die sich gegen das Verfügungsrecht der Männer, insbesondere der Väter, richtete, konnte Molière (wie wir aus seinem späteren Werk wissen) nur *dafür* sein. Also hätte die größte Preziöse der Zeit, Madame de Rambouillet, die über Molières Stück gelacht haben soll, Recht: Es ging nur um eine Beschneidung der Exzesse, um eine Kritik am Nachgeäfften, nicht dem wirklichen Preziösentum. Bedenkt man aber, wie wenig Molière für Prüderie und Sinnenfeindlichkeit übrig hatte – die beide dem Preziösentum nicht fern standen –, so möchte man vermuten, dass er doch auch an dem Kern der Bewegung etwas auszusetzen hatte.

Im Übrigen zielte Molières Kritik insbesondere auch auf den Verlust des Wirklichkeitssinnes, zu dem ihre Lektüre höfisch-galanter Romane die beiden Preziösen geführt hat – und hier kann nicht daran gezweifelt werden, dass Mademoiselle de Scudéry, ein Vorzugsgast des Hôtel de Rambouillet, anvisiert wird, denn Madelon und Cathos, die beiden Provinzlerinnen, tadeln an ihren Bewerbern, dass sie nicht so vorgehen, wie es in *Le grand Cyrus*, dem Roman der Scudéry, vorgeschrieben wird. (Aus weltliterarischer Perspektive darf auch an Cervantes erinnert werden, denn Molière prangert auf seine Weise die Verführung der Leser durch Romanlektüre an: Madelon und Cathos haben nicht minder ihren Verstand verloren als weiland Don Quijote den seinen.)

Zu sagen wäre schließlich noch, dass die beiden Diener ihre Rolle viel zu gut spielen, als dass man nicht (trotz allen Lachens) mit ihnen sympathisierte – ausgelacht werden nur die prätentiösen Gänschen, die es für den »letzten Schrei« halten, in jeden dritten Satz das Adverb »furieusement« einzubringen. Der von Molière selbst gespielte Mascarille bringt mit seinem Schlusswort erst recht die Lacher auf seine Seite, wenn er erklärt (nachdem er seine gräfliche Kleidung hat ablegen müssen):

> »je vois bien qu'on n'aime ici que la vaine apparence, et qu'on n'y considère point la vertu toute nue«

(ich sehe wohl, dass man hier nur den eitlen Schein liebt und die nackte Tugend nicht achtet; Szene 16).

An dieser Stelle sollen ein paar Worte über das Thema Preziösentum, Galanterie, Liebe und Ehe eingefügt werden.

Nach der Rolle der Frau in der Komödie der Antike zu fragen, wäre ziemlich sinnlos: In der Regel geht es dort um jugendliche Liebende, die – mit Hilfe von gewitzten Sklaven oder auch Kupplerinnen – gegen den Willen der Eltern zu ihrem Glück kommen. Haben sie sich »gekriegt«, ist, so wie das auch im hellenistischen Roman der Fall war, die Komödie zu Ende. Ausnahmen (wie der *Amphitruo* des Plautus) bestätigen die Regel. Die Komödie der italienischen Renaissance hat daran nicht viel geändert. Auch dort endet die Komödie mit der Ehe, es sei denn, dass sie, wie Machiavellis *Mandragola*, einen Ehebruch zum Gegenstand hat. Aber da hat die Novelle Pate gestanden, und der Autor hatte auch ein Hühnchen zu rupfen mit dem Geistlichen, der die tugendhafte Ehefrau, Madonna Lucrezia, dazu überredet, ihrem Verführer entgegenzukommen, damit sie »dem Lieben Gott« Kinder gebären kann, was dem alten, impotenten Ehemann nicht gelingen wollte. Es ist eine eher unmoralische, typisch »machiavellistische« Geschichte. Ganz anders sieht die Sache bei Molière aus. Die Tatsache, dass es sinnvoll ist, in seiner Komödie nach der Rolle der Frau zu fragen, erhellt schlagartig die Modernität dieses Komödienklassikers. Die *Précieuses ridicules* bieten sich an, diese Frage zu stellen, auf die allerdings bei der Besprechung der *École des Femmes* wie bei derjenigen der *Femmes savantes* zurückzukommen sein wird.

Um hinter Molières Einstellung zum Preziösentum zu kommen, muss zunächst dieses – historisch neue – Phänomen der französischen Gesellschaft des frühen 17. Jahrhunderts erhellt werden. Die Frauenforschung hat sich verständlicherweise darum bemüht. Die ausführlichste Darstellung stammt von Roger Lathuillière, *La préciosité, étude historique et linguistique* (Genf 1966). Manches erinnert hier an die Phase des Barock, die der Klassik in Frankreich vorausgegangen ist; aber der oder das Barock ist ein kunstgeschichtliches, ein die Baukunst, die bildenden Künste und die Formen der Dichtung betreffendes Phänomen, die »préciosité« hingegen betrifft die Umgangsformen der Menschen, speziell die der Geschlechter zueinander, es ist »un phénomène de la vie mondaine«, erst in zweiter Linie eines der Sprache und Literatur. (Man findet das klargestellt im Aufsatz »Baroque et préciosité« von Antoine Adam.[2]) Immerhin: Gewisse Künstlichkeiten des Ausdrucks und vielleicht auch ein absichtlicher Modernismus verbinden die beiden Erscheinungen. Manche barocke »Pointe« klingt nicht viel anders als die preziösen Wendungen, die Molière (karikierend) in seiner Komödie aufspießt.

Historisch ist das Preziösentum wahrscheinlich als Bestrebung zu verstehen, die rohen Liebessitten der Bürgerkriegszeit zu verfeinern. Und hinter der Verfeinerung steckt die Idealisierung der Liebe, die mit dem Platonismus der Renaissance in Verbindung zu bringen ist. Nicht zufällig war die größte Preziöse, die Marquise de Rambouillet, eine gebürtige Italienerin: Sie war, genauer, die Tochter eines französischen Gesandten in Rom und einer Italienerin aus vornehmem Hause. Sie gründete den stilbildenden Salon in Paris 1608 und führte ihn bis 1650. Rund vierzig Jahre verkehrten dort Adlige, Künstler, Literaten und (wie Adam schreibt) »quelques bourgeois et bourgeoises à qui leur esprit servait de noblesse«. Schon das war ›fortschrittlich‹. Den Ton im sogenannten (und auf manchem Provinzschloss nachgebildeten) »blauen Salon« der Marquise gaben Schöngeister wie Voiture an,

2 In: *Revue des Sciences humaines* (1949) H. 17, S. 208–224.

dessen Vater Weinhändler gewesen war, aber auch der gelehrte Chapelain, der junge Corneille, Ménage, Balzac, ja sogar der junge Bossuet verkehrten dort. Gepflegt wurde die Kunst der Konversation, Gefühle wurden analysiert, geistreiche und elegante Gespräche geführt, Gesellschaftsspiele gespielt und, nicht zuletzt, galante Gedichte vorgetragen und diskutiert.

Von 1652 an trat der Salon der Romancière Mlle de Scudéry die Nachfolge der illustren Marquise an. Dort erst kam es zu gewissen Verstiegenheiten, wie der oft besprochenen »Carte du Tendre«, einer allegorischen Landkarte, auf der die Stationen der preziösen Liebe kartographiert wurden, ungefähr so, wie Madelon das in der vierten Szene der *Précieuses* beschreibt, indem sie die Liebe romanhaft deformiert. Bald erschienen auch schon die ersten Darstellungen des Preziösentums, so 1656 die Schrift des Abbé de Pure *La Précieuse, ou le Mystère de la ruelle, dédiée à telle qui n'y pense pas.* »Ruelle« ist der Ort vor dem Bett der verehrten Dame, wo der galante Herr sich produziert. Der Abbé kritisierte das Preziösentum bereits etwa so, wie Molière das tun wird. Im selben Sinne schrieb der Moralist Saint-Evremond 1656 eine Schrift, während Scarron, der Autor des *Roman comique,* wenigstens das »echte Preziösentum« von dessen »Nachäfferei« unterschied, wie Antoine Adam berichtet. Molière »schwamm auf der selben Welle«, sagt Adam, und unterstreicht, dass er sich nicht nur der dümmlichen Provinzlerinnen bedient, um die Exzesse des Preziösentums lächerlich zu machen, sondern auch schon so etwas wie eine Dekadenz der Mode im Auge hat. (Über die Provinz fühlte man sich in Paris immer schon erhaben!)

Vieles erschien Molière da zur Geistreichelei entartet, zu viele Preziösen schienen ihm vor allem auf den Ruf bedacht, »Schöngeister« zu sein, ohne dass die entsprechende Bildung dahinter stand. Denn natürlich waren die Preziösen gebildete Frauen, und natürlich mussten sie auch intelligent sein. Die bekannten Umschreibungen – »les chers souffrants« für die Füße, »les trônes de la pudeur« für die Wangen, »un bain intérieur« für ein Glas Wasser, »l'instrument de la propreté« für den Besen, »le conseiller des grâces« für den Spiegel, »la commodité de la conversation« für den Sessel – streifen bereits das Lächerliche, aber dahinter zu kommen, war nicht so einfach. Man musste die Funktion einer Sache erfassen: diese selbst direkt, und umgangssprachlich, zu benennen, wäre witzlos oder vulgär erschienen. Will man höher hinaus, könnte man sagen, es ging um die »Idee« der Dinge, somit um einen sprachlichen Reflex des Platonismus, der auch das Geschlechterverhältnis bestimmte. Dumm waren diese Umschreibungen nicht, auch wenn sie uns allzu künstlich vorkommen. Immerhin, die eine oder andere Wendung des Preziösentums hat sich im französischen Sprachschatz erhalten, so zum Beispiel »faire figure dans le monde« oder »avoir l'âme sombre« … Auf gewisse Spuren des Preziösentums stößt man jedenfalls in der ganzen Dichtung der Klassik, und die hat wiederum Spuren in der französischen Sprache bis heute hinterlassen.

Nun war aber das Preziösentum, wie gesagt, keineswegs nur ein sprachliches Phänomen, sondern ein gesellschaftliches, das der Frau mehr als nur platonische Verehrung, nämlich durchaus handfeste Verbesserungen ihrer Stellung einbringen sollte. Lathuillière spricht davon, dass die Preziösen (so wörtlich) die »Gleichheit der Frau und des Mannes in der Ehe« forderten, »l'égalité des droits et des devoirs«, dazu »l'espacement des maternités« und für die jungen Mädchen »la liberté de choisir son mari«. Mit diesen Forderungen, sagt Lathuillière, »schüttelten die Preziösen das Joch der Religion« ab, auch wenn es zu Streitereien zwischen verschiedenen Richtungen kam, von denen sich einige »précieuses prudes« und andere »précieuses galantes« nannten.

Hätte Molière diese Hintergründe gesehen (was er wohl nicht tat), so hätte er dem Preziösentum »im Grunde seines Herzens« zustimmen müssen. Denn er verabscheute die altfränkisch-bürgerlichen Sitten, denen zufolge die Frau nichts weiter als gehorsame Gattin, Hausfrau und Mutter zu sein hat. Es kann keine Rede davon sein, dass er dieses autoritär-männliche Konzept gebilligt hätte. Eher neigte er der Galanterie zu, die am Hofe gepflegt wurde, und das ist etwas anderes als Preziosität. Hierzu gibt es das Buch von Jean-Michel Pelous, *Amour précieux, amour galant* (Paris 1980), dem Erstaunliches zu entnehmen ist – vor allem, was die Ehe anlangt. Galanterie und Ehe galten als inkompatibel für die Versailler Höflinge, die, mehr oder minder unbewusst, ihren König zum Vorbild nahmen. Große Leidenschaften sind allemal außerehelich (schreibt Pelous). Die alte Regel (man kennt sie zum Beispiel von Abaelards Heloïse!), dass die »Ehe der Liebe Grab« sei, gilt hier fast allgemein, denn es gibt keine Liebe ohne Abwechslung, auch keine in der Unterordnung, wie sie die bürgerliche Ehe der Frau auferlegte. Wie sollte man den (meist älteren) Mann lieben, der einen nur kommandierte? Wenn aber eine Frau ihrer Wege geht, das zu unterstreichen ist Molière nicht müde geworden, so macht nichts den Mann lächerlicher als Eifersucht. Das lässt darauf schließen, dass der Frau auch ein außereheliches Recht auf Liebe zugesprochen wurde. Die jungen Frauen pochen denn, wenn nicht darauf, so doch jedenfalls auf das Recht des (galanten) Umgangs mit Männern, der Geselligkeit, der Festlichkeit usw. Das ist ein Zug, den die Agnès der *École des Femmes* mit der Angélique des *George Dandin*, der Dorimène der *Mariage forcé* und der Célimène des *Misanthrope* teilt. Ein Recht auf eigenes Leben in der Gesellschaft – und nicht nur das Sklavendasein am Herd und im Haus des tyrannischen Gatten: Eben das hatten die Preziösen gefordert! Wie sagte doch der Abbé de Pure? »La plus grande des douceurs de notre France est celle de la liberté des femmes«.[3] Galant sein ist alles: Wer es nicht ist, wie der Gorgibus der *Précieuses*, der Arnolphe der *École des Femmes* und fast alle Sganarelles, der wird von Molière lächerlich gemacht. Mag es eine Konzession an den guten Ton bei Hofe sein, so entsprach es doch sicher auch Molières eigenen Ansichten. Es ist sicher nicht falsch, Molière einen Freund der Frauen zu nennen.

L'École des Femmes (1662)

Molières Preziösenkomödie gab zu erkennen, was sein »Aktualismus« bedeutet. Die *École des Femmes*, eine fünfaktige Komödie in Versen, ist nicht nur äußerlich Molières erste Realisation einer »haute comédie«, sondern vor allem auch innerlich: Das Geschehen ähnelt zwar noch dem einer Intrigenkomödie – und nicht zufällig gibt es neben einer spanischen Vorlage, die Scarron in einer Novelle vermittelt hat, auch ein Stegreifbühnen-Szenario, *L'astuta semplicità d'Angiola*, also ein italienisches Muster für sie –, aber entscheidend ist, dass die Handlung sich hier nun, Zug um Zug, aus dem Charakter der Hauptperson, des Arnolphe, herleiten lässt. In maßloser Ichsucht und zugleich besessen von einer traumatischen Angst, er könnte von seiner künftigen Frau betrogen werden, hält Arnolphe das ihm anvertraute Mündel, die junge Agnès, in ihrer geistigen Entwicklung zurück: Sie soll nur nähen, stricken und ihrem Manne gehorchen, aber sonst nichts wissen und niemanden außer Haus kennen lernen. Wie Wachs in seinen Händen soll Agnès sein, sagt Arnolphe, und schneidet sich eben damit in den Finger, denn ihre Unschuld lässt sie erst recht bedenkenlos auf das Liebeswerben des jungen Horace, der ihr gefällt, eingehen.

3 Zit. nach: Paul Bénichon, *Morales du grand siècle*, Paris 1948, [2]1967, S. 315.

Der Titel *École des Femmes* sollte wohl zunächst (wie in der vorausgehenden *École des Maris*) auf die pädagogischen Prinzipien der Männer, des autoritären Arnolphe und des liberalen Chrysalde, hindeuten, meint aber nun die Liebe, die Agnès gewitzt macht und sie in einer Woche all das nachholen lässt, was Arnolphe ihr in dreizehn Jahren vorenthalten hatte.

Die *École des Femmes* ist sprachlich und strukturell bewundernswert, vor allem aber dürfte ihr Thema für den Erfolg verantwortlich zu machen sein, den sie bei den Zeitgenossen gehabt hat. (Vom König erhielt Molière seitdem eine »Pension« von tausend Pfund.) Der sich anschließende Streit ist eine Konsequenz dieses Erfolges: Molière rief mit der Komödie den Neid seiner Rivalen, gewisser Gelehrter und adliger Pseudokenner, sowie der Frömmler hervor – sodass er sich gegen eben diese Kreise in seiner *Critique de l'École des Femmes* zur Wehr setzen musste. Kein Wunder, denn wenn in Agnès die Sinnenlust erwacht (»le moyen de chasser ce qui fait plaisir« erklärt sie Arnolphe ins Gesicht: »Wie soll man von sich weisen, was Spaß macht?«), so steht das nicht nur generell christlichen Moralvorstellungen entgegen, sondern das Mädchen schickt sich auch an, den Ehemaximen zuwiderzuhandeln, die Arnolphe sie auswendig lernen lässt und die angeblich von niemand Geringerem als dem heiligen Gregor stammten. Molière hat also schon hier bezüglich der Kirche einiges riskiert: Der Weg zum *Tartuffe* war beschritten!

Im Übrigen hat Molière die Gelegenheit genutzt, in seiner *Critique de l'École des Femmes* nicht nur die Vertreter dieser Kritik lächerlich zu machen, die prüden Preziösen ebenso wie die eingebildeten Gecken, sondern er hat darin die Grundsätze seiner Komödienauffassung dargelegt. Dass es nicht auf die Anlehnung an die Theorien eines Horaz oder Aristoteles, sondern darauf ankomme, dem Publikum zu gefallen, ist sein oberster Grundsatz: Molière macht sich mit ihm zu einem ersten Fürsprecher der »Modernen« in der kommenden »Querelle des Anciens et des Modernes«, und das steht nicht in Widerspruch, sondern passt zu der Behauptung, die man aufstellen könnte, dass nämlich die *École des Femmes* die erste klassische Komödie Frankreichs sei. Denn klassisch hieß in den Augen der Zeitgenossen so viel als »der Antike ebenbürtig«. Auf die didaktische Funktion, die Molière seiner Komödie zuschreibt, brauchen wir nicht weiter einzugehen. Wenn er sagt, die Komödie habe die Aufgabe, »jedermanns Fehler« auf die Bühne zu bringen und sie lächerlich zu machen (was viel schwerer sei, als bewundernswerte Tragödienhelden zu konzipieren), so haben wir gesehen, aus welcher Perspektive diese »Fehler« lächerlich erschienen, nämlich aus der des »Hofes«, wie der Autor selbst sagt.

Das gilt auch und erst recht für den *Tartuffe*, zu dessen Besprechung wir nach kurzer Erwähnung von *L'impromptu de Versailles* (1663), *Le Mariage forcé* (1664) und *La Princesse d'Élide* (1664) übergehen. Im genannten *Impromptu* traten Molière und seine Schauspieler unverkleidet auf, um das letzte Wort zum Streit über die *École des Femmes* zu sagen; in der Ballettkomödie um die erzwungene Heirat Sganarelles bildet die Konsultation zweier Philosophen, eines Aristotelikers und eines Skeptikers, den komischen Höhepunkt, wobei es Molière darauf ankommt zu zeigen, wie wenig die Praxis beider Pedanten ihren eigenen Theorien entspricht; die *Princesse d'Élide* ist eine halb in Versen, halb in Prosa gehaltene Ballettkomödie im höfischen Stil. Mit dem fünfaktigen, eilig improvisierten Märchenspiel hatte sich Molière erst recht in das Herz des Königs hineingespielt. Die Gunst des Königs brauchte er aber nun auch, als er sich mit dem *Tartuffe* noch im selben Jahr wiederum mit der Kirche anlegte und eine Komödie verfasste, von der er wissen musste, dass die Kirche sie nie und nimmer würde dulden können.

Le Tartuffe (1664)

Warum Molière den *Tartuffe* geschrieben hat, lässt sich nicht klären, ohne sein Verhältnis zum Christentum zu bedenken – und es bedarf dazu vor allem eines Hinweises auf das damalige Verhältnis von Kirche und Staat. Was dies angeht, so muss daran erinnert werden, dass der französische König, abgesehen von der auch für ihn geltenden Vorstellung vom Gottesgnadentum, alles darauf abstellen musste, als »allerchristlichster König« dazustehen, weil er nur so dem Erzfeind Habsburg den Anspruch streitig machen konnte, die Vorherrschaft im christlichen Abendland einzunehmen. Die Herausstellung der eigenen Christlichkeit war ein außenpolitisches, nicht minder jedoch ein innenpolitisches Erfordernis: Ludwig XIV. hat 1685 mit der Widerrufung des Ediktes von Nantes unmissverständlich deutlich gemacht, wie viel ihm an der Einheitlichkeit des Reiches auch in religiöser Hinsicht lag. Auch der Sklavengesetzgebung, die der König im sogenannten *Code Noir* auf Colberts Initiative kodifizieren ließ, kann man entnehmen, wie wichtig ihm der Gesichtspunkt der Katholizität war. Es ist darin von nichts nachdrücklicher die Rede als davon, dass die Schwarzen getauft, ihre Herren katholisch sein müssen usw. Kurz, Kirche und Staat waren damals untrennbar, beide arbeiteten Hand in Hand, und es war – auch für den jungen, vergnügungssüchtigen König – undenkbar, gegen die Kirche anzuregieren. Vielleicht hat Molière dem nicht genügend Rechnung getragen.

Bei der Konzeption seines *Tartuffe* ging Molière nicht nur von seinen mehr oder minder libertinen Auffassungen aus, er baute auch offensichtlich auf das Misstrauen, mit dem gewisse Bestrebungen der Kirche den König erfüllten. Denn dies ist die Kehrseite der Medaille: Wo immer die Geistlichkeit zu einflussreich zu werden, wo immer sich dadurch so etwas wie ein Staat im Staate zu bilden drohte, musste der König eingreifen. Dass er in solchen

Der Arzt Guy Patin
Kupferstich von Antoine Masson (1670)

Fällen hart zuschlug, beweist nicht zuletzt seine Verfolgung der Jansenisten. Wie diese in den späteren Jahren seiner Regierung, hatten sich Jahre zuvor die sogenannten »Dévots« – offiziell »La Compagnie du Saint Sacrement« genannt – den Verdacht des Königs zugezogen, zu so etwas wie einer heimlichen Gegenmacht im Reich zu werden. Schon Mazarin hasste diese frommen Eiferer, die die Partei der Königinmutter gegen ihn ergriffen hatten; Colbert sah sich erst recht gezwungen, gegen die »Cabale«, wie er sie nannte, vorzugehen. (In den Papieren des verhafteten Oberfinanzdirektors Fouquet fanden sich Beweise dafür, dass dieser Schmiergelder an sie bezahlt hatte, um ihrer Fürsprache sicher zu sein, das kompromittierte die »Dévots« erst recht in den Augen des Königs.)

Wenn sich Molière daher diese fromme Geheimgesellschaft auserkor, um seine Attacken auf das Christentum zu reiten, so war das wohl überlegt. Tartuffe ist einer jener »Directeurs de conscience«, wie die »Cabale« sie in die vornehmen Familien entsandte, um als Seelsorger zu fungieren. Dass ein Bedürfnis dafür bestand, erklärt sich aus der Tatsache, dass die gewöhnlichen Beichtväter den vornehmen Leuten oft zu primitiv waren. Die »Directeurs de conscience« waren zwar Laien, hielten sich aber für berufen, über das Seelenheil anderer zu wachen, geistlichen Rat zu erteilen und so dem Glauben und der Kirche zu dienen. Zwar hatte die »Compagnie« versucht, geheim zu bleiben. Guy Patin, einer der bekanntesten Freigeister, ein bissiger Pamphletist und großer Spötter (zugleich der angesehenste Arzt seiner Zeit), schreibt in einem Brief aus dem Jahre 1660, die Herren der »Compagnie« steckten ihre Nase in die Haushaltung der Großen und informierten die Gatten über das heimliche Verhalten ihrer Frauen, sie steckten zugleich mit ihren Mitbrüdern in Rom unter einer Decke und mischten sich in die Politik ein. So wörtlich. Patin wusste auch zu berichten, dass man bereits beim König über sie Klage geführt habe. Das mochte Molière erst recht bewogen haben, seinen *Tartuffe* zu wagen.

Am 12. Mai 1664 fand bei Hofe die Uraufführung statt. Das Stück, dessen Text nicht erhalten ist, umfasste damals drei Akte. Die »Cabale« hatte jedoch schon vor der Aufführung davon Wind bekommen. Der Erzbischof von Paris, Péréfixe, und der oberste Richter Frankreichs, Lamoignon, erschienen beim König, um persönlich zu intervenieren. Ludwig musste, zumindest um Zeit zu gewinnen, nachgeben. Er verbot weitere Aufführungen, soll aber Molière insgeheim den Rücken gestärkt haben. Rücksichtnahme auf die Königinmutter, die fromm und kränkelnd war, mag dabei eine Rolle gespielt haben. Private Aufführungen des *Ur-Tartuffe* durften jedoch stattfinden und haben auch bei der Schwägerin des Königs, beim Grand Condé (dem erfolgreichen Heerführer Ludwigs XIV.) und im Hause des päpstlichen Legaten, Kardinal Chigi (der nichts an dem Stück auszusetzen fand), stattgefunden. Die Verfolgungen der Geistlichkeit nahmen nichtsdestoweniger zu. Ein Pfarrer namens Roullé tat sich dadurch hervor, dass er (in einem schmeichlerisch dem König gewidmeten Pamphlet) forderte, Molière müsse als Gotteslästerer öffentlich verbrannt werden.

Molière verteidigte sich mit mehreren, ebenfalls an den König adressierten Schreiben, den sogenannten »Placets au Roi«. Er betonte, dass er nicht die Kirche und nicht die wahre Frömmigkeit angreife, sondern die religiösen Heuchler, die der Kirche nur schadeten: Indem er die »religiösen Falschmünzer« entlarve, diene er dem Staate. Dann verfasste Molière den *Dom Juan* (1665), einerseits, um die Kasse zu füllen, die sich durch das Aufführungsverbot des *Tartuffe* zu leeren drohte, andererseits, um darin seine Angriffe auf die Scheinfrömmler fortzusetzen. Der König gestattete daraufhin Molière, seine Truppe »Troupe du Roi« zu nennen und erhöhte die Pension auf 6000 Pfund. Jahre vergingen, Molière ließ Tragödien von Racine und Corneille (*Alexandre* und *Attila*) aufführen, er verfasste und inszenierte *L'Amour médecin* (1665), den *Misanthrope* (1666) und *Le Médecin malgré lui* (1666). 1667 erschien der *Tartuffe* unter dem Titel *L'Imposteur* wieder auf der Bühne. Tartuffe hieß nun Panulphe. Der König führte Krieg. Molière musste reitende Boten an ihn abgehen lassen, um den neuerlichen Verfolgungen durch Erzbischof und Parlamentspräsident zu entgehen. *Amphitryon*, *George Dandin* und *L'Avare* entstanden. Endlich, am 5. Februar 1669, war es so weit: Die Premiere des fünfaktigen Stückes, dessen Text überliefert ist, konnte stattfinden. Die politische Voraussetzung dafür waren erfolgreich abgeschlossene Verhandlungen zwischen Ludwig XIV. und dem Vatikan, die die Beziehungen zwischen Kirche und Staat in Frankreich so weit klärten, dass der König seinem Lieblingskomödianten nun freie Hand geben konnte. Von der »Compagnie du Saint Sacrement« hat man seitdem nichts mehr vernommen.

An diese oft erzählte Genese des *Tartuffe* musste hier erinnert werden, weil das Stück, wie kein anderes seit Corneilles *Cid* (1636), zu einem Politikum wurde. Übrigens kam der *Tartuffe* in Frankreich erst 1882 auf das Lektüreprogramm der Schulen – und lange Zeit wurde er jugendlichen Lesern nur in »bereinigter Form« zu Gemüte geführt. Jean Anouilh wusste, was er sagte, als er im Prospekt zu seiner Inszenierung des *Tartuffe* erklärte, wenn *er* Bischof von Paris gewesen wäre, hätte er die Aufführung des Stückes auch untersagt! Molière konnte zwar mit guten Gründen behaupten, er prangere in Gestalt des Tartuffe nur die Scheinheiligkeit, nicht die wahre Frömmigkeit an. Aber vom Standpunkt der Kirche war dem entgegenzuhalten, dass es niemandem zustehe, darüber zu urteilen, ob sich hinter dem entsprechenden Auftreten wahre oder falsche Frömmigkeit verbirgt. Hierüber zu befinden, stand nur der Kirche selbst zu. Dieses Argument, das von mehreren Geistlichen vorgebracht wurde, konnte auf keinen Geringeren als den heiligen Augustinus gestützt werden, der in einem seiner *Sermones* erklärt hatte, die Scheinheiligkeit sei eben jenes Unkraut des Evangeliums, das man nicht ausreißen könne, ohne die guten Samen mit herauszuziehen. Von daher ist es nicht nur Taktik zu nennen, wenn Molière einzig dem König die Befähigung zusprach, seinen *Tartuffe* zu demaskieren: Dieser sollte gewissermaßen als weltlicher Arm der Kirche fungieren (was Molière natürlich so nicht sagte).

Damit sind wir bereits beim Inhalt des Stückes, das im Wesentlichen darauf hinausläuft, Orgons Tartuffe-Hörigkeit und die vergeblichen Entlarvungsversuche der klar sehenden Mitglieder seiner Familie vorzuführen. Als Elmire, Orgons Frau, diese Entlarvung endlich gelingt, ist es zu spät: Tartuffe hat alle Trümpfe in der Hand – und ohne das Eingreifen des Königs wäre der Vater aus dem Hause vertrieben, aller Besitz verloren und die Tochter Tartuffes Frau geworden.

Zur Interpretation des Stückes ist es unabdingbar, die Hauptcharaktere etwas genauer zu betrachten. Zunächst Tartuffe, die Titelfigur. Er ist von Molière so konzipiert, dass verschiedene Akzentuierungen möglich sind. (Dem entspricht die Geschichte der Inszenierungen.) Man kann ihn als kriminellen »Machiavellisten«, der kalt-berechnend vorgeht, interpretieren, stößt dann aber auf die Schwierigkeit, seiner derben Sinnlichkeit gebührend Rechnung zu tragen; man kann die Rolle mehr in die traditionelle Richtung französischer Pfaffensatire herunterspielen, womit dann dem rosigen Teint und der Pyknikerstatur, die Molière Tartuffe zuspricht, besser entsprochen wird, aber die abgründige Perfidie des Charakters zu kurz kommt. Was *Tartuffe* wirklich ist, hat Molière im Dunkeln gelassen: Nur welche Rolle er spielt, ist klar. Das ist umso auffälliger, als Molières große Figuren sonst an Aussagen über sich selbst nicht zu sparen, ihre Positionen und Absichten in Selbst- und Zwiegesprächen durchaus klarzustellen pflegen. Nicht so Tartuffe, den man drei Akte lang mit den Augen anderer sieht, ehe man ihn endlich selbst zu Gesicht bekommt.

Dieser ebenfalls einzigartige Aufbau der Komödie, mit dem Molière im Zuschauer die gespannteste Erwartung entstehen lässt, ist eine geniale strukturelle Versinnbildlichung der Scheinheiligkeit, bei der eben alles auf den Schein, das heißt darauf ankommt, wie einer in den Augen der anderen dasteht. Über die Vorgeschichte Tartuffes erfahren wir, dass Orgon ihn bettelarm kennen gelernt und ihm aus der Misere geholfen hat: Nun aber ist er nicht nur dick und wohlgenährt, sondern auch wohlgekleidet – und dank Orgons Hörigkeit absoluter Herr im Hause. Dass er

Titelkupfer zu *Le Tartuffe ou L'Imposteur* in der ersten Gesamtausgabe der Werke Molières (1682)

darin für Zucht und Ordnung sorge, preist Großmutter Pernelle, die die Schwäche ihres Sohnes für den vermeintlich so frommen Mann teilt. (Die barsche Alte ist eine der originellsten Figuren im Stück, zugleich imponierend in ihrer unverblümten, altfränkischen Rede und empörend in ihrer Verblendung: Traditionell wird sie von einem Mann gespielt.)

Nun aber zu Orgon, den man nicht ausklammern kann, wenn man Tartuffes Rolle bespricht, denn diese ist ganz und gar auf ihn gemünzt. Ohne Orgons Schwäche ist Tartuffes Stärke nicht zu erklären. Rein äußerlich beruht sie darauf, dass Orgon in jungen Jahren mit der Fronde sympathisiert und sich dadurch politisch kompromittiert hat. Tartuffe hat das herausbekommen und sich (angeblich, um Orgon zu entlasten) in den Besitz der entsprechenden Dokumente gebracht. Dadurch hat er Orgon in der Hand. Die Erpressung ist jedoch eher der Anlass als der *Grund* für Tartuffes Machtposition. Der wahre Grund oder doch jedenfalls die Voraussetzung hierfür ist in einer Religiosität Orgons zu erblicken, die auf eine tief greifende Verunsicherung zurückzuführen ist. Psychologisch kann Orgons Verhalten als eine Überkompensierung eigener Schwäche gedeutet werden: Mit Tartuffes Hilfe nimmt dieser derart tyrannische und inhumane Züge an, dass man es kaum anders als pathologisch nennen kann. Erich Köhler hat in seiner Molière-Vorlesung (1983) jedoch auch hier zeigen können, wie Orgons Fall soziologisch gesehen nicht minder plausibel wird. Eben weil er als ehemaliger Frondeur politisch ein schlechtes Gewissen hat, weil er in der neuen, höfischen Ordnung seinen Standort nicht zu finden vermag, lässt er sich Halt suchend von Tartuffe zur Flucht in den Schoß der Kirche verleiten. Orgon ist (nach Köhler) Tartuffe hörig geworden, weil er ein ›falsches Bewusstsein‹ hat.

Beide, die psychologische wie die soziologische Interpretation sind möglich: Sie ergänzen einander. Tartuffe gibt Orgon eine neue Daseinsberechtigung, indem er sich zunächst als hilfsbedürftig hinstellt (dieser kann caritativ für ihn tätig werden), sodann aber als der für ihn auserwählte Seelsorger erscheint. Von Anfang an erfahren wir, dass Orgon von Tartuffe wie geblendet und betört ist. (Von einer homosexuellen Tönung der Beziehung kann, muss aber nicht die Rede sein.) Als er nach zweitägiger Abwesenheit in sein Haus zurückkehrt und sich bei der Zofe Dorine danach erkundigt, was sich dort unterdessen zugetragen hat, will er von nichts anderem hören als von Tartuffe. Die Migräne seiner Frau interessiert ihn nicht. Dass Tartuffe »voller Andacht« zwei Rebhühner und eine halbe Hammelkeule verzehrt hat, veranlasst ihn nur zur Wiederholung seines (reichlich unangemessenen) Ausrufs: »Le pauvre homme!« Die automatenhaft wiederholte Formel zeigt, mit welcher starren Ausschließlichkeit der Hausherr auf den Hypokriten fixiert ist. Später enterbt er seinen Sohn ebenso bedenkenlos, wie er Tartuffe seiner Tochter geben oder ihm jederzeit freien Zugang zu seiner Frau verschaffen will. Molière hat Orgons Tartuffe-Hörigkeit in Worte gekleidet, die nicht nur den Jargon des Frömmlers kopieren, sondern sogar verkappte Bibelzitate sind. Denn wenn Orgon erklärt, wer Tartuffe folge, erblicke im Rest der Welt nur »Mist« (V. 274), er kenne weder Bruder, Kinder, Mutter noch Frau (V. 278 f.), so entspricht das einer Stelle aus den Philipperbriefen des Apostels Paulus (III,8) und einer aus dem Lukasevangelium (XIV,26). Die erstere, sehr drastische Wendung war zudem von der Bibel in die *Imitatio Christi* hinüber gewandert, die Pierre Corneille soeben ins Französische übertragen hatte. Cléante, der »Raisonneur« des Stückes, quittiert Orgons Aussagen mit den ironischen Worten:

»Les sentiments humains, mon frère, que voilà!«

(Was für menschliche Gefühle das sind, mein Bruder!; V. 280).

Das bezieht sich zwar direkt auf die Inhumanität Orgons, indirekt aber zugleich auf die von Paulus und Lukas propagierte Einstellung. Es ist daher eine der Passagen, wo man Molière beim besten Willen keine pro-christliche Absicht unterstellen kann.

Die Rolle des Tartuffe muss, gut gespielt, den Zuschauer empören, die des Orgon hat etwas Beschämendes: Sie zeigt, womöglich noch krasser als der ostentative Missbrauch der Religion durch Tartuffe, zu welchem Fehlverhalten Frömmigkeit führen kann. Denn dass es Kriminelle gibt, wissen wir; wie tief dagegen eine bewundernde Freundschaft, wenn sie zur Hörigkeit entartet, einen Menschen erniedrigen kann, zeigt so recht erst dieser Orgon. An ihm liegt es also mindestens ebenso wie an dem Frömmler selbst, dass wir über den *Tartuffe* nicht lachen können. Wir lachen nicht einmal bei der Szene, wo der Ehemann sich unterm Tisch versteckt, um mit anzuhören, wie sein »Freund« ihm die Hörner aufzusetzen bemüht ist (IV,5): Die Szene, die eigentlich doppelt komisch sein müsste, vom Thema wie von der Situation her, wird (für unser Gefühl) überdeckt von Entrüstung, gespannter Erwartung – und einer derart drängenden Sinnlichkeit, dass auch von daher gesehen alle Lachlust vergeht. Den Höhepunkt seiner zynischen Amoralität erreicht Tartuffe dort, wo er Orgons Frau erklärt, mit einem Liebhaber wie ihm riskiere sie nichts – es werde nichts ruchbar werden, und was den Himmel angehe, so wisse er sich mit ihm zu arrangieren:

»Le Ciel défend, de vrai, certains contentements;
Mais on trouve avec lui des accommodements.«

(Der Himmel verbietet gewisse Genüsse, das ist wahr; / Aber man kann sich mit ihm arrangieren; V. 1487f.).

Molière fügte an dieser Stelle die Bemerkung ein: »C'est un scélerat qui parle.« Das ist keine Regieanweisung, sondern ein Versuch, den Zorn christlicher Leser abzulenken.

Was gesagt wird, bleibt ein in frommen Augen verwerflicher Satz, mag es auch ein »Verbrecher« sein, der ihn ausspricht.

Zu Elmire ist nur zu sagen, dass es ganz unsinnig wäre, auch nur zu vermuten, sie könnte ernstlich mit Tartuffe kokettieren: Molière hat ihre Motive unzweideutig klargestellt. Sie will ihrem Mann die Augen öffnen, vor allem aber ihre Tochter vor dem Unheil einer Heirat mit dem Scheusal Tartuffe bewahren. Die jugendlichen Liebenden, Valère und Mariane, bedürfen erst recht keines langen Kommentars. Wohl aber muss zu Dorine noch ein Wort gesagt werden. Im zweiten Akt ist sie es, die die einander missverstehenden, zu Trotzreaktionen neigenden jugendlichen Liebenden wieder zusammenbringt. (Man atmet auf, nach all den Scheußlichkeiten, die man von Tartuffe schon gehört hat.) Ihr vor allem gelten die Sympathien der Zuschauer – auch wenn es ihr nicht gelingen kann, den Bösewicht zu entlarven. Dazu bedarf es des königlichen Eingreifens: Wir haben gesehen, dass Molière nur der Wahrheit entsprach, wenn er das so darstellte, wie es im *Tartuffe* geschieht. Denn der königlichen Klarsicht und Überlegenheit über Pfaffen und Richter allein verdankte er sein Überleben. Warum sollte er den König da nicht auch ein wenig emporstilisieren zu der Rolle, von der man sonst sagt, es handle sich um eine göttliche: nicht als *Deus ex machina*, wohl aber als *Rex ex machina* fungiert er im fünften Akt des *Tartuffe*.

Dom Juan (1665)

Konnte der *Tartuffe* verschieden interpretiert werden, so gilt das für *Dom Juan ou Le Festin de pierre* erst recht. In der neueren Theatergeschichte dürfte Molières *Dom Juan* sogar noch unterschiedlicher inszeniert worden sein als selbst der nachfolgende *Misanthrope*, aber auch die Wissenschaft ist sich uneins über das Stück. Nachdem es einen brillanten Anfangserfolg gehabt und innerhalb von fünf Wochen fünfzehn Aufführungen erlebt hatte (die Zuschauer bewunderten die kostbaren Gewänder, den Kulissenaufwand und das Höllenfeuer am Schluss), musste Molière auch dieses gefährliche Stück aus seinem Repertoire streichen. 1677 wurde es erstmals wieder inszeniert, nun jedoch in einer bereinigten Alexandrinerfassung von Pierres Bruder Thomas Corneille. In dieser Version hat man den *Dom Juan* noch bis ins frühe 19. Jahrhundert hinein gespielt. Das Original galt als ein unzusammenhängendes, »unklassisches« Stück. Einen »unglaublichen Salat, eine bizarre, hybride, obskure Tragikomödie« nannte es einer der angesehensten Literaturkritiker des 19. Jahrhunderts, Jules Lemaître.

Das moderne Interesse an Molières *Dom Juan* – und damit zugleich eine ungeahnte Aufwertung – setzte mit Louis Jouvets Inszenierung von 1927 ein. Jouvet sah in der Titelfigur einen Atheisten, der vergeblich versucht, dem Fluch seines Unglaubens zu entrinnen, also eigentlich einen Gottessucher. Jean Vilar spielte den Dom Juan als Befreier, der alle Fesseln abwirft, der sich insbesondere auch über die Bindungen seiner Klasse hinwegsetzt und insofern ein Vorläufer künftiger Revolutionäre war. Bert Brecht entwarf eine Neufassung von Molières Stück, die einer seiner Mitarbeiter, Benno Besson, realisiert hat. Ihr liegt die Vorstellung zugrunde, dass an Dom Juan »der Glanz des Parasiten« weniger interessierte, »als das Parasitäre des Glanzes«, das heißt, hier wird nun, im Gegensatz zu Vilar, Dom Juan als typischer Vertreter seiner Klasse, der Aristokratie, gesehen.

Etwas genauer hat Patrice Chéreau bei seiner ebenfalls mehr oder minder marxistisch inspirierten Interpretation (1971) hingesehen, wenn er in Dom Juan nicht den Vertreter des Adels schlechthin, sondern einen adligen Oppositionellen erblickte, dessen übermäßiger Egoismus höfi-

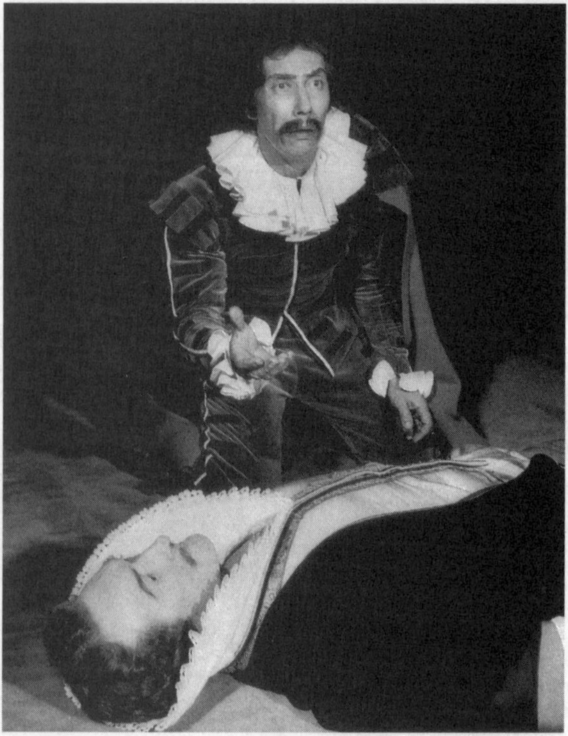

Szenenfoto aus *Dom Juan* in der Inszenierung von Jean Vilar (Paris 1953/54; Daniel Sorano als Sganarelle und Jean Vilar als Dom Juan)

Foto: Agnès Varda

scher Anpassung spottet. Diese Deutung entspricht teilweise, aber nicht ganz, derjenigen, die Erich Köhler (in seiner Molière-Vorlesung) vertrat, derzufolge Molières Dom Juan eine neuerliche Variante des altadligen Nonkonformisten darstellt, für den die »Entgrenzung des Sexualtriebes« den verlorenen Herrschaftsanspruch kompensiert und bei dem »Boudoirsiege als Surrogat für die verlorene feudale Selbstherrlichkeit« dienen. Die Deutung stößt nur auf die Schwierigkeit, dass im Gespräch mit seinem Vater Dom Louis dieser, und nicht der junge Dom Juan, den altadligen Standpunkt vertritt. Von psychoanalytischer Seite wurde natürlich nicht unterlassen, den Ödipuskomplex dafür heranzuziehen, dass Dom Juan sowohl seinen Vater hasst (er wünscht ja seinen Tod herbei), als auch in sozusagen vergeblicher Suche nach dem Liebesideal der Mutter von Frau zu Frau eilt, ohne je befriedigt zu sein. Schließlich machte 1980 die feministische Deutung von Renate Baader das Spektrum komplett, indem sie Molières Figur als einen reduzierten »Don Juan«, als Feigling und eine im Grunde lächerliche Figur darstellt. Er entzieht sich ja auch tatsächlich seinen Verfolgern zuerst durch seine Verkleidung als Diener und später dadurch, dass er sich den Deckmantel der Frömmigkeit umhängt. Ebenso wenig wie zu Brechts Auffassung passt dazu freilich die Tatsache, dass Dom Juan bei Molière den von Räubern überfallenen Dom Carlos, Elviras Bruder, gegen eine Übermacht verteidigt, sich also als ein tapferer Edelmann erweist. Auch wenn er zum Schluss mit gezogenem Degen auf die Statue losgeht, spricht das nicht für Feigheit.

Grundsätzlich pflegt eine Vielzahl von Deutungen zwar eher der Ausweis für die Größe einer Dichtung als das Zeichen einer unschlüssigen Komposition zu sein. Das dürfte auch für Molières *Dom Juan* gelten. Einige der erwähnten Deutungen sind jedoch unannehmbar, insofern ihr widersprechende Einzelheiten in Molières Komödie einfach nicht beachtet oder eliminiert werden. Das geht natürlich nicht an. Eine Hauptschwierigkeit für unser Verständnis auch dieses Molièreschen Stückes bietet der Schluss. Wenn es stimmt, dass der Autor des *Tartuffe* bei Anlegung strenger, aber doch nicht unangemessener Maßstäbe kein gläubiger Christ genannt werden kann, so muss man annehmen, dass er auch in der Höllenstrafe, die den ungläubigen Dom Juan schließlich ereilt, ein bloßes Zugeständnis an die Konvention, eine Übernahme des üblichen publikumswirksamen Schlussspektakels sah. Tut man das, so wird dieser Schluss genauso unglaubwürdig, wie ihn zweifellos die Mehrheit der Zuschauer heute empfindet. Das heißt, während man den Schluss des *Tartuffe* noch als ehrliche Verbeugung vor dem König verstehen kann, gilt dies für den Schluss des *Dom Juan* nicht mehr. Und das wiederum heißt, dass der skrupellose Frauenverführer, Herrenmensch und Zyniker Dom Juan ungestraft sein Unwesen weitertreiben kann, wenn er sich als religiöser Heuchler der Rückendeckung durch die Kirche versichert. Die Konklusion macht schaudern, sie spricht für eine Verdüsterung von Molières Menschen- und Gesellschaftsbild, die den kommenden Alceste nur allzu verständlich erscheinen lässt.

Zu den Schwierigkeiten, die Molières *Dom Juan* dem Interpreten bietet, zählt auch die Bettlerszene im dritten Akt. Auf ihrem Weg in die nächste Stadt haben Dom Juan und Sganarelle sich in einem Wald verirrt. Ein frommer Einsiedler, der sich dort aufhält, weist ihnen auf Befragen den Weg, bittet aber dafür um eine milde Gabe. Dom Juan macht sich über ihn lustig: Wie kann Gott jemanden verarmen lassen, der von morgens bis abends zu ihm betet? Um ihn in Versuchung zu führen, bietet er ihm ein Goldstück dafür, dass er Gott verfluche. Der Bettler weigert sich. Da wirft Dom Juan ihm den Louisdor hin und erklärt, er gebe ihn ihm »pour l'amour de l'humanité« (III,3). Kurz zuvor hatte Dom Juan dem erschrockenen

Sganarelle erklärt, er glaube an nichts außer daran, dass »zweimal zwei vier und zweimal vier acht sei«. Dass er nicht an Gott glaubt, steht außer Frage. Er ist ein Freigeist: ein Libertin im Denken wie in seinem Verhalten.

Wenn man gesagt hat, die Szene mit dem Einsiedler sei von Molière erfunden, so ist das nicht ganz richtig. In einer der Vorlagen zu seinem *Dom Juan*, De Villiers' *Festin de Pierre* von 1660, gibt es einen Eremiten, auf den Herr und Diener ebenfalls unterwegs stoßen und den sie ansprechen. Dann bemächtigt sich Dom Juan jedoch der Kutte des Mönches, um sich darin zu verstecken. Es ist eine von mehreren Verkleidungsszenen des kunterbunten Stückes. Molière hat sie übernommen und »umfunktioniert«, um den Unglauben seines Titelhelden erneut unter Beweis zu stellen. Wie hartherzig er zunächst mit dem Bettler umspringt, wenn er ihn zum Fluchen auffordert, kann man daran ermessen, dass auf blasphemische Äußerungen im 17. Jahrhundert schwerste Strafen standen. (In krassen Fällen wurde den Gotteslästerern erst die Zunge durchbohrt, dann wurden sie zu Galeerendiensten verurteilt.) Schließlich gibt Dom Juan dem Bettler aber doch noch Geld! Vermutlich nicht, um ihn für seine Standhaftigkeit zu belohnen, sondern aus purer Nonchalance: Auf Geld kommt es dem großen Herren nicht an! Das wäre eine adelsspezifische Deutung. Aber warum kommentiert Dom Juan seine Geste mit dem Wort (das hier zum ersten Mal belegt ist), er tue es »aus Liebe zur Humanität«? Damit sind wirklich allen möglichen Spekulationen Tür und Tor geöffnet, bis hin zu der Deutung Jean Vilars, der in Dom Juan einen »Befreier« erblickte. Dass die Szene von Anfang an Anstoß erregte, wissen wir übrigens von der Aufführungsgeschichte her: Molière strich sie schon bei der zweiten Aufführung, weil sie im Publikum Unruhe ausgelöst haben soll.

Den Literarhistoriker interessiert an Molières *Dom Juan* natürlich die Vorgeschichte besonders. Dass Tirso de

Molinas spanisches Original Molière nicht vorgelegen hat, dürfte so gut wie sicher sein. Sicher hat er hingegen die Version gekannt, die damals die Italiener, seine Freunde und Rivalen, spielten. Sie hatten ein Mordsspektakel daraus gemacht und Don Giovannis Diener zur komischen Hauptrolle emporstilisiert. Dass Sganarelle bei Molière eine so große Rolle spielt, erklärt sich daraus. Sicher kannte Molière dann aber auch die beiden französischen Varianten des beliebten Stoffes, Dorimonds und De Villiers' Stücke. Es waren Tragikomödien. Bei De Villiers handelt es sich sogar um eine in ihrer Uneinheitlichkeit ausgesprochen barocke Tragikomödie. Das Stück trug den Untertitel »Le fils criminel«. Dem entspricht die Bedeutung der Moralpredigten, die der Vater darin seinem ebenso ausschweifenden wie gotteslästerlichen Sohne hält. Molière hat sie in reduziertem Umfang übernommen. Bei De Villiers gab es auch schon eine Schiffbruch-Szene (mit rhetorisch ausgemalter Seesturmschilderung). Dom Juan zeigt sich von ihr so verängstigt, dass er ernstlich seinen Lebenswandel bereut. Zwei hübsche Schäferinnen lassen ihn dann jedoch all seine guten Ansätze vergessen. Bei der Bußpredigt der Statue, zu der es schließlich im Rahmen des »steinernen Gastmahls« kommt (der Titel ist ziemlich unsinnig), will De Villiers' »Held« jedoch nicht mehr bereuen – und nachdem er in einer Gruft ein Gericht aus Schlangen und Kröten vorgesetzt bekommen hat (sein Diener Philippin muss ihm dazu etwas vorsingen), fährt er als Freigeist zur Hölle. Auch hier spielt der Diener keine kleine Rolle, er ist ebenso ängstlich wie hungrig und durstig und überhaupt in jeder Hinsicht voll komischer Kreatürlichkeit. Dom Juan sagt bei De Villiers, er sei sich selbst sein eigener »Herr und König, sein Schicksal und sein Gott« (V. 743). Er tötet auf offener Bühne zuerst den Vater, dann den Verlobten der Frau, die er haben möchte. Bezeichnend für seine Schurkerei ist, dass er seinem Rivalen so lange ins Gewissen redet, bis dieser demütig sein

Schwert ablegt, und er ihn prompt erschlagen kann. Auch die fromme Heuchelei gibt es also bei De Villiers' Dom Juan schon – wenn auch in brutaler und weniger intellektualisierter Form.

Molière konnte viel von dieser Vorlage übernehmen und hat das auch getan. Das Beispiel der Scheinheiligkeit lehrt jedoch allein schon, dass hier von einer mechanischen Übernahme nicht die Rede sein kann. Denn es versteht sich, dass Molière, wenn er seinen Dom Juan in die Rolle des Tartuffe schlüpfen lässt, seine im vorhergehenden Stück begonnene Fehde weiterführt. Sganarelle fällt zunächst auf die Sache herein, dann klärt Dom Juan ihn auf – und entwickelt seine Theorie der religiösen Heuchelei als einer Strategie, die von niemandem aufgedeckt wird, weil sie der wahren Frömmigkeit so ähnlich sieht. Molière hat von seinen Feinden gelernt, könnte man sagen. Er benutzt die Argumente Augustins oder des Predigers Bourdaloue – aber er legt sie einem Manne in den Mund, der sie für seine kriminellen Absichten zu nutzen gedenkt.

Im Dom-Juan-Kapitel seiner *Histoire de la littérature française au 17ᵉ siècle* schreibt Antoine Adam, keiner der vielen Widersprüche im Charakter des Dom Juan habe die Literaturkritik mehr irritiert als der zwischen dem »fröhlich auftrumpfenden« Verführer zu Beginn und dem »tristen Hypokriten« am Schluss des Stückes. Und er fragt sich, ob man sich den Verfechter der Scheinheiligkeit im fünften Akt als einen gealterten Dom Juan vorzustellen habe. Doch nein, schreibt Adam dann, Molière habe seinen Komödienhelden eher als eine typische Farcenfigur konzipiert, in der gewisse Aspekte der Überlieferung erhalten blieben, die nicht mit der neu geschaffenen Figur übereinstimmten: Dom Juan bleibe der provokante und unersättliche Schürzenjäger, der er immer schon war, trage aber nun die typischen Züge des adligen Libertins, von denen es, wie Adam sorgfältig registriert, in der französischen Gesellschaft zu der Zeit nicht wenige gab. Dom Juan bleibt der Verführer, gleicht aber nun auch dem »Grand Seigneur méchant homme«, den Molière sozialkritisch darstellen wollte. Warum sollte dieser sich nicht das Mäntelchen der Religion umhängen, um sich vor den Angriffen der »Bien pensants« und der Geistlichkeit zu schützen?

Aber sehen wir uns den entscheidenden Vorgang noch einmal an! Nachdem Dom Juan in der ersten Szene des fünften Aktes seinem Vater eingeredet hat, er sei nun ein frommer Mensch geworden, der seine Sünden bereue (der Himmel habe diese Gnade bewirkt), erklärt er dem verdutzten Sganarelle in der nächsten Szene, das sei alles nur Verstellung, es sei »un stratagème utile, une grimace nécessaire«, denn er brauche die Rückendeckung durch seinen Vater und wolle sich auch den unangenehmen Folgen entziehen, die seine nächsten Liebesabenteuer haben könnten. Was folgt, ist eine in ihrer Ausführlichkeit in Molières Komödie einzig dastehende Offenlegung der Strategien des Verführers. Fast erkennt man den wortkargen Herren, der Don Juan bisher war, den, der das Agieren dem Reflektieren vorzog, nicht wieder. Aus dem Mann der Tat scheint ein Mann des Wortes geworden zu sein, und was er dem Diener erklärt, klingt fast wie eine Botschaft, die der Autor dem Publikum mitteilen möchte. Dom Juan sagt seinem Diener, wer sich den Anschein der Frömmigkeit gebe, werde von aller Welt gedeckt, auch wenn er weiter sündige, denn in ihrer Erscheinungsform gleiche die vorgetäuschte der wahren Religiosität. Kein Christ traue sich einen anzugreifen, weil er riskiere, mit der Schale den Kern zu trefffen. In Dom Juans Worten:

> »la profession d'hypocrite a de merveilleux avantages. C'est un art de qui l'imposture est toujours respectée; et quoiqu'on la découvre, on n'ose rien dire contre elle. Tous les autres vices des hommes sont exposés à la censure […]; mais l'hypocrisie est un vice privilégié, qui, de sa main, ferme la bouche à tout le monde«

(Die Rolle des Scheinheiligen hat bewundernswerte Vorteile. Das ist eine Kunst, deren Anschein immer respektiert wird, und selbst wenn man sie durchschaut, wagt man nichts gegen sie zu sagen. Alle anderen Laster der Menschen stehen dem Tadel offen [...] aber die Scheinheiligkeit ist ein privilegiertes Laster, das aller Welt die Hand vor den Mund hält; V,2).

Wer dächte, wenn er das sagen hört, nicht an La Rochefoucauld und seine Maxime 218: »L'hypocrisie est un hommage que le vice rend à la vertu«? Zwar meint Dom Juan seine »Huldigung« nicht, wie sein moralistischer Kollege, ernst, sondern nur als eine Scheinverbeugung, zwar denkt er nicht nur an die Beschreibung des Verhaltens, sondern gleich schon an so etwas wie eine Nutzanwendung der moralistischen Erkenntnis, aber die gedankliche Nähe zum klassischen »Menschenprüfer« ist doch unverkennbar. Es gebe viele solche Hypokriten in der vornehmen Gesellschaft, sagt Dom Juan, viele, die auf diese Weise ihr sündhaftes Verhalten bemäntelten. Man kann das eine Beobachtung nennen, die in das negative Menschenbild der Klassik passt, das wir von La Fontaine, Mme de Lafayette, Racine oder Guilleragues ebenso kennen wie von La Rochefoucauld. Molière stellt sich durch die Äußerung des von ihm ja nicht geliebten und eher kritisch dargestellten Don Juan in eine Reihe mit den Autoren der Zeit nach Corneille. Es ist ein Moralist im französischen Sinne, der aus seinem »Helden« spricht. Und er geht noch einen Schritt weiter, wenn er diesen sagen lässt, er werde seine Feinde als Ketzer verfolgen und sich als einen Verfechter der Interessen des »Himmels« hinstellen, um ungestraft der zu sein, der er immer schon war.

Seitdem wir gelernt haben, dass solche menschenkundliche Skepsis, solch eine »negative Anthropologie« das gemeinsame Kennzeichen aller Großen der französischen Klassik ist, steht dem nichts mehr im Wege, Molière ihnen zuzuordnen. Das ist keine Selbstverständlichkeit, denn als Komödienautor kennt und nutzt Molière manche Freiheiten, die den strikten Befolgern der »Doctrine classique« nicht erlaubt waren. Von »Bienséance« zu reden, fällt angesichts mancher Deutlichkeiten Molières (um nur dies zu sagen) nicht ganz leicht. Der *Dom Juan* erlaubt es, den Komödienklassiker sogar, sagen wir: auf halbem Wege zwischen La Rochefoucauld und La Bruyère anzusiedeln, denn seine Moralistik ist bereits – wie bei diesem – eine Sozialkritik.

Aber handelt Dom Juan nun auch so, wie er spricht? Es folgt (bekanntlich) die Aussprache mit Dom Carlos, dem Bruder der aus dem Kloster entführten Elvire. Dieser fordert Dom Juan zum Duell auf, der aber erklärt, das erlaube die Religion nicht, der Himmel habe es so gewollt, wie er gehandelt habe, usw. Die Fährte wird nicht weiter verfolgt, denn wir sind am Ende der Handlung. Die »Zeit« erscheint in allegorischer Gestalt, mit einer Sichel in der Hand, und Dom Juan begibt sich zum Komtur, den er zum Essen eingeladen hat. Warum entzieht er sich nicht dieser drohenden Gefahr, warum entschuldigt er sich nicht auch dem Komtur gegenüber mit seiner angeblichen Bekehrung (wie er es Dom Carlos gegenüber getan hatte)? Fällt er nicht wieder in seine alte Rolle als Provokateur, als Mann der ostentativen Revolte, als »piaffeur gai«, wie Antoine Adam gesagt hatte (III, S. 355) zurück? Irgend etwas scheint da nicht zu stimmen. Und diese Unstimmigkeit lässt uns den ganzen Höllenspuk erst recht als eine Rückkehr zur Konvention und letzte Anpassung des Autors an den Erwartungshorizont seines Publikums auffassen. Molière wusste, dass sein Bösewicht zum Schluss bestraft werden musste – aber man kann verstehen, dass moderne Inszenierungen den melodramatischen Schluss weglassen oder ihn irgendwie ›umfunktionieren‹.

Die Kritiker, die entweder Dom Juans moralistische Wendung oder diesen Schluss nicht recht überzeugend fanden und meinten, Molières Figur füge sich nicht zu einem überzeugenden Ganzen, hatten so Unrecht nicht. Es gibt hier etwas ›Ungereimtes‹. Was wie eine nicht unberechtigte Kritik aussieht, der man sich selbst dann nicht verschließen kann, wenn man in Molière den Gestalter komplexer, widerspruchsvoller Charaktere sieht, verwandelt sich jedoch in Bewunderung, sobald man die Sache im Licht der Verbote sieht, die gegen die Aufführung des *Tartuffe* ergangen waren. Molière hatte von seinen Feinden gelernt, er zeigte, wohin es führe, wenn ein Schurke wie Don Juan sie für sich in Anspruch nehme. War der *Dom Juan* ein Lückenbüßer, den Molière in aller Eile schrieb, um seiner Truppe zum Weiterbestehen zu verhelfen – denn er wusste ja, wie erfolgversprechend die Legende war –, so kann man das Stück ähnlich sehen wie die *Critique de l'École des Femmes*: Molière gibt nicht klein bei, er verteidigt sich gegen seine Kritiker auf der Bühne, die sein Element ist. Tatsächlich hat der *Dom Juan* einen beachtlichen Anfangserfolg gehabt, wie man bei Antoine Adam nachlesen kann. Nur neu inszeniert werden durfte er nicht. Man ahne, welche »diskreten Warnungen« dafür gesorgt hätten, meint der Kenner der Materie (III, S. 321). Das dürfte sich auf die Entlarvung der Hypokrisie als eines »privilegierten Lasters« beziehen. Der Moralist hat jedoch die Pflicht (meinte Molière zweifellos), dieses aufzudecken. Eben dazu diente schon der *Tartuffe*. Wer es nicht glauben wollte, brauchte sich nur die Selbstentlarvungstiraden Dom Juans im fünften Akt anzuhören. Es war verwerflich, die Aufführung des *Tartuffe* zu unterbinden!

Besessen von dem Schicksal, das seinem *Tartuffe* beschert worden war und zweifellos zornig auf die Geistlichkeit, die dafür verantwortlich war, hat Molière seinen Don Juan gleichsam als einen Nachfahren des religiösen Heuchlers gestaltet, den aller Welt vor Augen zu führen man ihn verhindert hatte. Da mag es ihm gleichgültig gewesen sein, ob die Heuchelei auch zu den anderen Zügen seiner Figur passte, die er ihr erwartungsgemäß hatte angedeihen lassen. Man muss Molières *Dom Juan* vom *Tartuffe* her sehen, heißt das, und darüber hinaus das Stück aus Molières Werkganzem erklären. Dann löst sich das Rätsel auf, wie aus dem Verführer ein Heuchler werden konnte.

Le Misanthrope (1666)

Zwei Kontraste kennzeichnen die Stellung des *Misanthrope* in der Geschichte der Komödien Molières: War der *Tartuffe* die Komödie der Heuchelei, so ist der *Misanthrope* die Komödie der übertriebenen Ehrlichkeit, war der *Dom Juan* in fast allen Punkten die Übernahme von etwas Vorliegendem, so ist der *Misanthrope* ein fast gänzlich von Molière selbst erfundenes Stück. In seiner Gestaltung fehlte dem *Dom Juan* die Originalität nicht, und persönlich mag man auch wohl das Anliegen nennen, das den Autor veranlasste, die Hypokrisie-Thematik darin so zu behandeln, wie er es getan hat. Beim *Misanthrope* kann man jedoch, bei aller Skepsis gegen autobiographische Deutungen, kaum umhin, eine weit tiefer gehende persönliche Anteilnahme zu vermuten.

Seit zwei Jahren kämpfte Molière engagiert für die Wahrheit, die er seinen Zeitgenossen über die Frömmigkeitsheuchler sagen wollte – und noch war kein Ende dieses Kampfes abzusehen. Hat es denn einen Sinn, den Menschen partout die Wahrheit ins Gesicht sagen zu wollen? Macht man sich nicht lächerlich damit? Es liegt auf der Hand, die Konzeption des Alceste so erklären zu wollen. Denn Alceste ist ein fanatischer Wahrheitskämpfer und er ist ohne Zweifel zugleich eine lächerliche, exzentrische Figur. Nicht also nur, weil Molière unter Melancholie und Menschenhass litt (wie behauptet wurde), sondern weil er sich selbst auf einem Irrweg befand, hätte er ›sich den Misanthrope von der Seele geschrieben‹. Der Schritt von hier zur Erklärung der Kunst als eines Exorzismus ist nicht weit.

Sich in Gestalt der übertriebenen Wahrheitsliebe eine neue Quelle der Komik zu erschließen, nachdem zuvor die Heuchelei sein Thema gewesen war, spricht überdies aufs Deutlichste für die Fruchtbarkeit von Molières ›Position der Mitte‹. Es gibt keinen besseren Beweis dafür, dass sie diejenige Molières war, als die Tatsache, dass er (so kurz hintereinander) zuerst den *Tartuffe* und dann den *Misanthrope* schreiben konnte. Dass der spätgriechische Komödienautor Menander einmal ein Stück geschrieben hat, in dessen Mittelpunkt ein »Menschenfeind« steht, der mehr als nur einen Zug mit Molières Alceste gemein hat, ist leider nur ein Kuriosum: Molière konnte davon nichts wissen, denn Menanders *Dyskolos* wurde erst 1959 auf einem ägyptischen Papyros entdeckt. Von einer »Filiation« kann nicht die Rede sein. Umso erstaunlicher ist es, dass Menanders Hauptcharakter (nicht die Handlung) Molières Alceste durchaus ähnlich sieht. Wie Alceste ist auch Menanders Knemon ein unbeherrschter und übel gelaunter Mensch, der beschlossen hat, sich aus der Gesellschaft zurückzuziehen. Mochte das für den antiken Komödienautor, der ja auch mit der Mehrheit gegen den Outsider stimmen musste, um Beifall zu finden, bereits ein willkommener Typ sein, so gilt dies natürlich erst recht für Molière.

Dass Alceste ›ein Mann von gestern‹ war, konnte schon seiner Kleidung entnommen werden. Sie muss betont schlicht und schmucklos gewesen sein, wenn wir den zeitgenössischen Dokumenten glauben dürfen, zugleich aber – mit grünen Kniebändern (!) – ein wenig exzentrisch. Unverkennbar als ein Mann von altem Schrot und Korn erweist Alceste sich in der Sonettszene (I,2). Oronte, der eitle Höfling, der sich seiner guten Beziehungen zum König brüstet, trägt ein Gedicht vor, das er selbst verfertigt hat. Er bittet Alceste um sein Urteil, und nach einigem Zögern erklärt dieser nicht nur rundheraus, Oronte hätte das in der Tat überaus verkünstelte Machwerk besser im Schrank verschwinden lassen, sondern er trägt seinerseits ein Gedicht vor, von dem er sagt, es gefalle ihm besser. Vielmehr: Er erklärt, das »kleine Lied«, das er nun rezitiert, entspreche dem Geschmack der Väter, den er – möge er auch grobschlächtig gewesen sein – der Affektation der Heutigen vorziehe. Im Detail entspricht die ›Dialektik‹ dieser Szene der Geschichte des Misanthrope insgesamt: Molière hat das ›Altfränkische‹ seiner Figur so gefasst, dass es den Zeitgenossen missfallen musste, der Nachwelt aber gefallen konnte. Das Gestrige erwies sich so im Nachhinein als das Morgige!

Die Zuordnung Alcestes zur Linie Sganarelle–Arnolphe–Orgon, von der in Kapitel II die Rede war, ist einleuchtend – aber sie trifft nicht in jedem Punkt zu. So erweist sich Alceste gerade in der Sonettszene als vollkommener »honnête homme«, wenn er an Oronte allein schon die Tatsache tadelt, dass er, als Edelmann, Gedichte schreibt. Alceste rügt am Sonette schreibenden und sich damit brüstenden Oronte ein Fehlverhalten. Damit zeigt er, dass er sehr wohl weiß, was sich nach höfischem Verhaltenskodex schickt. Und daraus folgt, dass er eigentlich auch wissen musste, wie sehr er selbst gegen diesen Kodex verstieß. Wenn er es dennoch tat, konnte es also nur aus Blindheit, aus einer Verkennung seiner eigentlichen Rolle geschehen. Sein Temperament verleitete ihn wider besseres Wissen dazu.

Alceste ist in der Tat mindestens ebenso undiszipliniert wie verbohrt – oder richtiger: Er ist zuerst unbeherrscht, und dann, aus Unwillen sich zu korrigieren, verbohrt. Manchmal gleicht sein Verhalten geradezu kindischen Trotzreaktionen; wenn er Philinte, dem vernünftig-allzuvernünftigen, nicht zuhört, redet der natürlich vergebens auf ihn ein. Alceste ist wirklich ein Starrkopf. Er ist das auch in seiner Liebe zur koketten Célimène. Dass sie als eine Frau, die in Gesellschaft glänzt, nicht zu ihm passt, ist evident. Vielmehr: Man kann sich fragen, ob Alceste sich diese Frau nicht ausgesucht hat, um im Gegensatz zu ihr seiner Lust zum Widerspruch frönen zu können. Alcestes Liebe manifestiert sich in Erziehungsabsichten, die nur allzu oft die Form des Schimpfens annehmen. Kein Wunder, dass Célimène sich das auf die Dauer nicht gefallen lässt …

Ursprünglich hatte Molière seinem *Misanthrope* den Untertitel *L'atrabilaire amoureux* gegeben. Der »schwarzgallige Verliebte« war kein schlechter Titel, weil er sofort auf das komische Hauptparadox des Stückes hinwies. *Le Misanthrope* war dennoch ein besserer Titel, weil damit die Anspielung auf die Galle entfiel, von der – der alten Lehre von den *Säften*, den »humores«, gemäß – Alceste zu viel hatte. Der »Schwarzgallige« ist ein Polterer – und das ist Alceste teilweise auch –, der »Misanthrope« aber ist überdies ein bewusster Opponent der Gesellschaft, ein Idealist, der die Wirklichkeit anders haben möchte, als sie ist. Als solcher wurde Alceste erst geschichtsträchtig, als solchen konnte Rousseau ihn gutheißen und Goethe ihn tragisch finden. Wenn es ein Missverständnis der Rolle war – worüber man streiten kann –, so war es auf jeden Fall ein fruchtbares Missverständnis, denn erst durch es kam Molières Stück zu der Wirkung, die es bis heute bewahrt hat. Nicht nur auf der Bühne hat sich übrigens das anfangs nicht sonderlich erfolgreiche (wenn auch von den Kennern gleich hoch gelobte) Stück seine Wirksamkeit bewahrt, was für seine Mehrdeutigkeit spricht, sondern auch in der Wissenschaft ist der *Misanthrope* bis heute immer neuen, jeweils anders akzentuierten Interpretationen ausgesetzt gewesen. Die Studie von Lionel Gossman (1963) betont die »monströse Eitelkeit« Alcestes, die ihn seine Rolle als Einzelgänger und Opponenten des Normalverhaltens genussvoll spielen lasse.

In der Tat ist der voluntaristische Aspekt an Alcestes Außenseitertum ebenso auffällig wie sein Bedürfnis nach Auszeichnung. Hatte er in Vers 5 erklärt: »je veux me fâcher« (ich will mich ärgern), so sagt er in Vers 35: »Je veux qu'on soit sincère« (Ich will, dass man aufrecht sein soll), und in Vers 63 wird er noch deutlicher: »Je veux qu'on me distingue« (Ich will, dass man mich auszeichnet). Kurz darauf kehrt die Formel noch einmal wieder:

»Je veux que l'on soit homme, et qu'en toute rencontre
Le fond de notre cœur dans nos discours se montre«

(Ich will, dass man Mensch sei und bei jeder Gelegenheit sich / Bei unserer Rede unser Herz bis auf den Grund offenbare; V. 69).

Das »ich will« ist ebenso verräterisch wie das verallgemeinernde »on«, das Alceste immerzu gebraucht: Alle Menschen sollen so sein, wie er es will! Damit entpuppt sich Alcestes ›Misanthropie‹ als eine überdimensionale Herrschsucht – mag sie nun echt oder gespielt sein. An ihr liegt es nicht zuletzt, dass man das Lachen vergisst, das sich doch eigentlich aufdrängen müsste, wenn Alceste zum Beispiel erklärt, er wünsche sich nichts Besseres, als seinen Prozess zu verlieren, weil er dann nach Herzenslust die Menschen verfluchen könne. Wenn Alceste nicht komisch wirkt, so liegt das also nicht nur daran, dass er oft genug mit seinen Anklagen den Nagel auf den Kopf trifft (was die Zeitgenossen auch schon erkannt haben). Nein, in seinem mit Verbissenheit verfolgten, masochistischen Drang zur Weltverbesserung wirkt Alceste nicht minder unheimlich als andere Besessene Molières. Daher lacht man nicht über ihn, man leidet vielleicht sogar mit ihm. Es ist unmöglich, Alceste nur mit dem Verstand zu messen.

Seine Herrschsucht empörte schon Célimène, die sich zwar auch viel herausnahm, aber erstens braucht man kein Feminist zu sein, um den Besitzanspruch, den Alceste erhebt, unerträglich zu finden, und zweitens hat Célimène eben den Zauber jugendlicher Schönheit für sich. Mag sie mit den Männern spielen, wie sie will, man kann es ihr nicht verübeln. Auch wenn es zum Schluss so aussieht, als hätte sie sich – mit ihren spitzen Worten – zwischen alle Stühle gesetzt: Es dürften sich noch immer neue Bewunderer für sie finden! Nicht zu vergessen ist, dass Célimène ja nicht nur die eitlen Gecken Acaste und Clitandre (die es verdienen) demaskiert, sondern ebenso auch die prüde Arsinoé: so, lehrt das Beispiel, entlarvt man auf natürliche Weise die Verstellung. Célimène stellt sie effektiv bloß, während Alceste sie immer nur anklagt. Zu Oronte ist noch zu sagen, dass er eben nicht nur unpassende Sonette schreibt, sondern auch zu übelsten Machenschaften fähig ist, wenn man ihn in seiner Eitelkeit verletzt. Er stellt sich im Verlaufe des Stückes hinter eine Denunziation, die Alceste als den Verfasser einer politischen Schmähschrift bezeichnet (V. 1505).

Philinte, schließlich, kann umso eher als ein Wortführer Molières angesehen werden, als er nicht etwa nur gegen das Raubein Alceste die Position der Höflichkeit vertritt, sondern die Wirklichkeit so sieht, wie sie ist, nämlich sehr schlecht. Wenn er die Menschen in ihrem Egoismus, ihrer Profitgier und ihrer Skrupellosigkeit durchschaut (V. 176f.), so will er sich doch darüber nicht *mehr* aufregen, als man sich über wilde Tiere aufregt. Es mag wohl sein, dass Molière selbst zu dem ›Phlegma‹ Philintes nicht fähig war, sodass seine Entrüstung derjenigen Alcestes ähnlicher sah, als ihm lieb gewesen sein mochte.

Le Médecin malgré lui (1666)

Wenn Molière sich nach den Verfolgungen, die *Tartuffe* und *Dom Juan* mit sich brachten, und nach dem ›schwierigen‹ *Misanthrope*, 1666 in Gestalt des *Médecin malgré lui* das unbeschwerte Vergnügen einer gauloisen Farce leistete, so ist das nur allzu verständlich. Der »Arzt wider Willen« beruht auf einem altfranzösischen Schwank: *Le vilain mire* – »Der Bauer als Arzt«. Man sieht gleich zu Beginn Sganarelle und seine Frau Martine in einem Ehestreit, bei dem *sie* schließlich Prügel bezieht. Martine rächt sich dafür mit einer List: Sie erzählt zufällig vorüberkommenden Leuten, die auf der Suche nach einem Arzt sind, indes ihr Mann im Walde Reisig bündelt, dieser sei in Wirklichkeit Arzt, man müsse ihn nur erst kräftig verprügeln, ehe er es zugebe. (Das sei nun einmal seine Marotte.) So geschieht's dann auch. Der Hauptwitz des Stückes besteht darin, dass Sganarelle sich allmählich immer besser, schließlich sogar bravourös in die Rolle des Arztes hineinfindet. Das an Sprachverlust leidende Mädchen, das er kurieren soll, vermag er leicht zu heilen, indem er erkennt, dass ihr nur der richtige Mann fehlt. Diesem verschafft er, als Apotheker verkleidet, den erwünschten Zugang zu seiner Geliebten.

Sganarelles Verhalten erinnert von ferne an dasjenige der beiden Diener in den *Précieuses ridicules*, die auch ihre herrschaftlichen Rollen so gut zu spielen wussten: Es geht, was die Komik anlangt, um eine »positive Überraschung«. Im Übrigen steckt der *Médecin malgré lui* voll rustikalem Realismus, voller Sprachwitz und schlagfertiger Reden. Sganarelle produziert ein medizinisches Küchenlatein, das an die ›Makkaronipoesie‹ der Italiener erinnert, er schmeichelt der vollbusigen Amme, leert den Weinkeller und fühlt sich denkbar wohl in der lukrativen Arztrolle. In der Geschichte der Ärztesatire, die dem kränkelnden Molière am Herzen lag, ist der *Médecin malgré lui* ein erster Höhepunkt.

Es soll hier noch ein Wort zur Erotik bei Molière gesagt werden. Verliebte gibt es in Molières Komödien nicht weniger als in anderen Werken der Gattung. Wenn sie ihre Liebe nicht im Verlauf der Handlung selbst in die Tat umsetzen können, so streben sie doch danach, und dies geschieht dann auch meistens, wenn der Vorhang niedergegangen ist. Das steht, so weiß man's, den Jugendlichen zu, die nur leider ihre Partner nicht immer so aussuchen, wie die Eltern es wollen, die verblendet sein und sich streiten können, sodass Zofen oder Diener, die sich da auskennen, sie erst mal miteinander versöhnen müssen, damit sie zueinander finden. Es kann auch sein, dass so ein Jugendlicher verliebt ist und es noch nicht weiß: Das gilt für den Octave der *Fourberies de Scapin*, der ganz gerührt erzählt, wie er ein hübsches Mädchen seine sterbende Mutter beweinen sah und wie dieses dabei, ach, so reizende Tränen vergoss, dass er es unbedingt wiedersehen musste. Scapin hat als Zuhörer längst gemerkt, wohin der Hase lief, und kommentiert das mit entsprechenden Zwischenbemerkungen (I,2). Solche und andere, nicht selten paradoxe Begleiterscheinungen der Liebe führt Molière uns gern vor Augen, aber nie erleben wir auf der Bühne einen Liebesvollzug, nie realisierte Sexualität.

Bei den alten Männern, zum Beispiel Harpagon, ist so etwas wie sinnliches Verlangen durchaus zu erkennen, wenn sie ›auf Freiersfüßen gehen‹, was ihnen eigentlich nicht zusteht. Aber dass man dieses auch körperlich zu sehen bekäme, wie das beim Pantalone der Commedia dell'arte der Fall ist, dessen erigiertes Glied unter der roten Hose sichtbar wird (es gibt Abbildungen genug, die das zeigen), ist bei Molière nicht der Fall. Da folgt er weder den ungenierteren Italienern noch gar der erst recht ungenierten antiken Komödie, wo Phalli das Lachen der Zuschauer erregten. Molière fügt sich den Geboten der ›Bienséance‹, insbesondere denen der höfischen Galanterie: Der Mann von Welt verführt mit seiner eleganten Erscheinung und mit dem Wort, handgreiflich wird er nicht. Tut er es dennoch, wie der Tartuffe im Gespräch mit Elmire, Orgons Frau (III,3), wo er zuerst Madame die Hand drückt, dann das Knie abtastet, so macht er sich dadurch unmöglich. Er ist ein als Frömmler verkleideter Lüstling. Dem höfischen Publikum dürften gerade diese Handgreiflichkeiten deutlich gemacht haben, wohin der Kerl eigentlich gehörte – nämlich in die Unterschicht. Nicht anders hat dieses Publikum sicher auf die Aufforderung des als Marquis verkleideten Mascarille in den *Précieuses ridicules* reagiert, als dieser Cathos zuerst die Narbe zeigen will, die er von einem Musketenschuss am Hinterkopf erhalten hat und dann die Hose aufknöpft, um auch dahinter eine heldenhafte Narbe vorzuzeigen. Da schrickt die Preziöse zurück: Sie glaube das auch ohne hinzugucken, sagt sie. Dies ist eine der wenigen Stellen bei Molière, die man ›anzüglich‹ nennen könnte und die eine gewisse Deutlichkeit der Inszenierung erlauben. Wenn Mascarille am Schluss der Komödie entkleidet wird und nackt dasteht, hat das hingegen nichts mit Erotik zu tun. Es dient nur der Demontage des falschen Marquis. Und selbst Dom Juan, der ja einmal ziemlich unbekleidet dem Wasser entsteigt, nachdem Pierrot und Lucas ihn vor dem Ertrinken gerettet haben, interessiert nur vorübergehend die neugierige Bauerndirn Charlotte, die immerhin (fast voyeuristisch) fragt: »Est-il encore […] tout nu?« (II,1). Wir sehen den Verführer jedoch nicht nackt. Und seine Verführungen sind allemal verbal, es sind Galanterien, Komplimente und Heiratsversprechen …

So also sieht die Erotik Molières in der Regel aus. Eine Ausnahme, so könnte man allenfalls sagen, macht *Le Médecin malgré lui*, wo Sganarelle verkleidet als Arzt nicht etwa die verstummte Tochter des Hauses, Lucinde, betrachtet, sondern nur die »Amme«, deren fülliger Busen es ihm angetan hat. Dass es die Frau des Lucas ist, hält ihn nicht davon ab, sofort handgreiflich zu werden: Er preist das Glück des Säuglings, an diesem Busen saugen zu dürfen und betätschelt – wie eine szenische Anmerkung besagt – den verlockenden Körperteil. Das muss man sehen. Hier ist's mit verbaler Erotik nicht getan. Sganarelle treibt sein deftiges Spiel eine ganze Weile fort, nicht ohne es mit seiner ärztlichen Pflicht zu begründen: »C'est l'office du médecin de voir les tetons des nourrices«, erklärt er in II,3 und setzt seine diesbezüglichen Bemühungen in II,4 fort, wo er der Amme auch noch ein Klistier verpassen möchte. Vorsorglich, versteht sich.

Aber Sganarelle ist ein Bauer, und Molières Komödie fußt auf einer altfranzösischen Farce, einem Schwank, wo derlei Derbheiten angebracht gewesen sein mögen. Die Anlehnung an die entsprechende Vorlage hat Molière nicht davon abgehalten, auch hier der Erotik keinen Selbstwert zu geben, sondern sie in den Dienst der Charakterisierung seines Sganarelle zu stellen: ohne dessen Schlagfertigkeit gäbe es sie nicht! Selbst hier ist der Witz also wichtiger als die Ungeniertheit. Das heißt: Molières Interesse gilt allemal mehr der Psychologie und der sozialen Kennzeichnung als der Triebhaftigkeit der Menschen. Bringt man – wie das in modernen Inszenierungen gang und gäbe ist – Entkleidungsszenen, womöglich Kopulationen auf die Bühne, versündigt man sich an Molière. Das heißt nicht, dass nicht gewisse Modernisierungen seiner Stücke durchaus möglich und sinnvoll sein können. Aber sie dürfen Molière nicht zu einem ganz anderen machen, als er war. Und: Ist es nicht auch heute noch lohnender, die psychologischen Folgen der Liebe oder deren soziale Bedingtheit vorzuführen als deren körperlichen Vollzug? Wenn Molière das nicht tat, war es kein Mangel an ›Realismus‹ und kein Ausweichen vor Tabus. Er wusste sehr wohl, worum es ging – und seine Zuschauer auch. Aber er meinte, sein ›Naturalismus‹ und seine Abscheu vor Prüderie ließe sich sprachlich deutlich genug manifestieren, es bedürfte dazu keiner Nackedeiszenen.

Wir übergehen die höfischen Gelegenheitsspiele, *Mélicerte* und *Le Sicilien ou l'amour peintre*, die als nächste folgen, um dem *Amphitryon* von 1667 etwas mehr Aufmerksamkeit zu schenken.

Amphitryon (1668)

Zur bitter nötigen Erholung hatte Molière sich in ein Landhäuschen nach Auteuil zurückgezogen und dort Plautus gelesen. *Amphitryon* ist der erste Niederschlag dieser Lektüre, der *Avare* von 1668 der zweite. Zu Molières Neugestaltung der plautinischen »Tragico-comoedia« ist zu sagen, dass sie als eine »pièce à machines« konzipiert und dementsprechend erfolgreich war: Die Kostüme waren prunkvoll, die Kulissen aufwändig. Heidnische Götter sausten durch die Lüfte, die Blitze und Donner erschütterten. Das Publikum war begeistert. Die etwas frivole Fabel, die Rotrou schon auf die französische Bühne gebracht hatte, trug sicher das ihre zum Erfolg des Stückes bei. Nur sollte man nicht glauben, dass Molière in der Figur des Jupiter dem König ein Kompliment machen wollte, denn dieser muss ja die Gestalt des Ehemannes annehmen, um Alkmene zu verführen. Das war gewiss nicht die Rolle, die Ludwig XIV. sich zulegen wollte, um seiner jüngsten Maitresse, Mme de Montespan, zu gefallen. Das schließt nicht aus, dass das Publikum an den König und an Monsieur de Montespan gedacht haben mag, wenn es die Verse hörte:

»Un partage avec Jupiter
N'a rien du tout qui déshonore«

(Teilt man sich mit Jupiter, / So hat das überhaupt nichts Entehrendes; V. 1898 f.).

Zu Plautus hinzuerfunden hat Molière Sosias' Frau Cléanthis. Das vervollständigte die Parallelität der Handlung: dem Paar auf der Herrenebene entsprach nun das Paar auf der Dienerebene. Man kann sich leicht ausdenken, wie Molière die Begegnung zwischen Merkur als Sosias und Cléanthis gestaltet hat. Die Letztere beschwert sich verständlicherweise über die mangelnde Liebe des Gottes in Gattengestalt und reagiert etwas verwundert über dessen Empfehlung, sich anderswo Trost zu suchen. Sosias empfängt hauptsächlich Prügel von seinem Alter ego, gegen das er vergeblich seine Identität zu behaupten versucht. (Er verliert diese zwar, aber seinen Witz behält er doch, so wenn er erklärt, wenn er schon nicht mehr *er* sein dürfe, dann solle der andere ihm doch bitte sagen, *wer* er denn sei!) Merkur ruft schließlich, als er zum Himmel auffährt, dem Sosias zu:

»les coups de bâton d'un dieu
Font honneur à qui les endure«

(die Stockschläge eines Gottes / Tun dem eine Ehre an, der sie erduldet; V. 1878 f.).

Das klingt wie ein komisches Echo auf die oben zitierten Verse. Molières Verse sind übrigens variabel gestaltet: Auf die üblichen Alexandriner folgen in unregelmäßigen Abständen paarweise gereimte Achtsilbler. Dadurch bekommt das Stück etwas Verspieltes. Nirgendwo sonst verwendet der Autor diese traditionellerweise »vers libres« genannten »heterosyllabischen Verse«. Sie liegen auf der Grenze zwischen Vers und Prosa und waren den Zeitgenossen vertraut von einer leichtgeschürzten Poesie, die man »badine« nannte und die auf die Burleskdichtung der ersten Jahrhunderthälfte (Sorel, Scarron, Furetière) folgte. War Paul Scarron, der große Parodist (vor allem mit *Le Virgile travesti*, 1648/49), in seinem Spätwerk bereits zu dieser Form galanter Dichtung übergegangen, so erinnern Molières »Freiverse« insbesondere an diejenigen La Fontaines.

In seiner *Geschichte der französischen Literatur des 17. Jahrhunderts* behauptet Antoine Adam, es sei »eitel«, Molières *Amphitryon* im Einzelnen mit Plautus' gleichnamigem Stück zu vergleichen. Die zweite Hälfte des zweiten Aktes sei neu und der ganze dritte Akt von Molières Komödie habe nichts mit dem lateinischen *Amphitruo* zu tun. Dem mag so sein oder auch nicht, die lange Kette der wissenschaftlichen Arbeiten über Molière und Plautus reißt deswegen nicht ab. Nach den Arbeiten von Reinhard Stöttner (1886), Leo (1925), Ernout (1949) und Lindberger (1956) – um nur die vergleichenden Studien zum *Amphitryon* zu nennen – haben Peter Szondi (1973),[4] Hans Robert Jauß (1982)[5] und Corrado Rosso (1991)[6] sich wieder dem Thema gewidmet. Als sorgfältigste Untersuchung zu Molière und Plautus allgemein kann die Dissertation von Wolfgang Salzmann gelten, *Molière und die lateinische Komödie* (1969).[7] Fassen wir uns daher kurz, um im folgenden Bericht nicht schon oft Gesagtes zu wiederholen.[8]

Wieder einmal griff Molière also auf ein Sujet zurück, das sich im Publikum großer Beliebtheit erfreute, und gestaltete es neu, wobei Rotrou zweifellos vor Plautus

4 P. Szondi, *Lektüren und Lektionen*, Frankfurt a. M. 1973.

5 H. R. Jauß, *Ästhetische Erfahrung und literarische Hermeneutik*, Frankfurt a. M. 1982, Neuaufl. 1991, ^{2}1997.

6 C. Rosso, *Saggezza in salotto*, Neapel 1991.

7 W. Salzmann, *Molière und die lateinische Komödie*, Heidelberg 1969 (zugl. Diss. Göttingen).

8 Für einen ungefähren Textvergleich bietet sich im Übrigen der Band *Amphitryon* der Reihe »Theater der Jahrhunderte« (München/Wien: Langen/Müller, 1964; mit einem Vorwort von Peter Szondi) an. Da werden allerdings Plautus und Molière in Übersetzungen wiedergegeben, die sich bisweilen erheblich vom Ausgangstext entfernen – und es fehlt die unmittelbare Vorlage Molières, Rotrous *Les Sosies* von 1636, eine Komödie, die mit großem Aufwand im »Théâtre du Marais« 1650 neu inszeniert und 1653 von Benserade in Ballettform präsentiert wurde.

rangierte. Oft lässt sich gar nicht entscheiden, ob Molière eine Einzelheit dem römischen Dichter entlehnt oder von Rotrou übernommen hat. An Übernahmen ist sein *Amphitryon* jedenfalls ebenso reich wie an kleineren oder größeren Hinzufügungen, vor allem solchen, die die Spielbarkeit, den einheitlichen Ton und die psychologische Vertiefung betreffen. Aber dass Molière während seiner Schaffenspause in Auteuil 1667 auch Plautus gelesen hat, steht fest. Wir wissen sogar, welche Ausgabe er benutzt hat: Es war eine zweisprachige, lateinisch-französische von 1658, und die Übersetzung stammte von einem alten Bekannten Molières, dem Abbé Marolles. Merkwürdigerweise hat, soweit ich sehe, keiner der vielen Interpreten des *Amphitryon* sich gefragt, ob Molière sich bei der Abfassung seiner Komödie mehr an das lateinische Original oder an diese Übersetzung gehalten hat. Wer die Übersetzungen des 17. Jahrhunderts kennt, die nicht ohne Grund »belles infidèles« genannt wurden, weiß, dass das einen großen Unterschied machen kann. Es genügt jedoch, einen Blick in die erste Szene des Stückes zu tun, um festzustellen, dass Molière tatsächlich diesen Übersetzer benutzt hat, mag er sich auch zugleich und vor allem später im lateinischen Original umgesehen haben. Latein konnte er dafür gut genug.

Sosias beschwert sich über die Rücksichtslosigkeit seines Herrn, der ihn noch vor Tagesanbruch ausgeschickt hat, Alkmene den Bericht über seinen Sieg zu erstatten und seine Rückkehr anzukündigen: »Ne pouvait-il pas bien attendre qu'il fût jour?«, fragt er sich – und beklagt sein Sklavenschicksal:

»Sosie, à quelle servitude
Tes jours sont-ils assujettis!
Notre sort est beaucoup plus rude
Chez les grands que chez les petits.«

(Sosias, welcher Knechtschaft / Unterliegen deine Tage! / Unser Los ist bei den Großen / Weit härter als bei den Kleinen; V. 165–169).

Zwar hatte auch Rotrous Sosias sich an dieser Stelle über sein hartes Los beklagt und gesagt »chez les grands le servage est plus rude«, aber der Kontext beweist, dass Molière sich hier nicht an Rotrou und nicht an das lateinische Original, sondern an die Übersetzung des Marolles gehalten hat. Denn bei Plautus beschwert Sosias sich über die »Reichen«, nicht über die »Großen«, was auch Rotrou schon unlogisch gefunden haben muss, wo es doch um den Feldherrn Amphitruo ging. Marolles ließ Sosias sagen: »mon maistre m'a reveillé luy-mesme en dépit de moy, et m'a fait partir du port pendant la nuit. Ne pouvait-il pas attendre qu'il fust jour? En cela, sans mentir, la servitude chez les grands est bien plus rude, que chez les petits« (so der Wortlaut der Originalausgabe, nach einem Exemplar der Landesbibliothek Hannover). Molière hat hier nichts anderes getan, als die Prosa des Marolles in Verse umzusetzen. Man sollte also, wenn man dokumentieren will, wie Molière Plautus ›imitiert‹ hat, nicht nur das lateinische Original, sondern auch – und zuallererst – Marolles' Übersetzung konsultieren!

Alkmene und Jupiter pflegen der Liebe: Das wissen wir aus dem Prolog des Plautus, den Rotrou sinnigerweise Juno in den Mund gelegt hat, während Molière es die »Nacht« in allegorischer Gestalt dem Merkur berichtet, der bereits zur Stelle ist. Sosias darf nicht ins Haus. Deswegen muss Merkur davor Wache stehen. Um den Sklaven nicht nur mit Brachialgewalt von der Erfüllung seines Auftrags abzuhalten, sondern ihn an sich selbst irre werden zu lassen, hat Merkur die Gestalt des Sosias angenommen. Er tritt als sein Doppelgänger auf mit dem Anspruch, der einzig wahre Sosias zu sein, so wie Jupiter behauptete, der einzig wahre Amphitryon zu sein.

Er droht Sosias mit dem Stock, falls er noch länger behaupten sollte, er sei Sosias. Was soll man da tun? Lieber leugnet Sosias seine Identität, als Prügel zu beziehen. Aber er wehrt sich gegen die Provokationen des ›anderen Sosias‹ und es wird eine ganze Weile gehen, bis er klein beigibt. Wie er denn frei heraussprechen solle, wenn ihm dauernd Prügel angedroht werden, sagt er zum Beispiel, und Merkur verspricht, damit aufzuhören. Doch kaum hat Sosias wieder behauptet, er sei Sosias, geht die Prügelei wieder los. Merkur hat tatsächlich nur die kräftigeren Arme; besser argumentieren als Sosias kann er nicht. Im Gegenteil, alles in allem erweist sich der Sklave dem Gott als überlegen, mag er auch so etwas wie ›Angstwitz ausschwitzen‹. Damit präludiert Molière (seinen Vorlagen folgend) auf das Hauptthema seines Stückes, das zeigen soll, wie überlegen die Menschen über die Götter sind, vor allem: wie Alkmene mit ihrer Menschlichkeit den Göttervater beschämt.

Glückliche Ehen pflegen in der Komödie nicht vorgeführt zu werden. Sie existieren meist nur als Projektion, wenn die jugendlichen Liebenden nach überwundenen Schwierigkeiten endlich in den ›Hafen der Ehe einlaufen‹. Dann ist die Handlung zu Ende. Eine Ausnahme von dieser Regel macht der *Amphitryon*. Das Stück ist ein Loblied auf eine glückliche Ehe, die zu dem Paradox führt, dass der Verführer, Jupiter höchstselbst, in die Rolle des Ehemannes schlüpfen muss, um sein Ziel zu erreichen, dass er aber zugleich wiederholt betont, er möchte als Mann und als Liebhaber geliebt werden, nicht als Gatte. Diese Paradoxie muss ein beliebtes Diskussionsthema in gewissen preziösen oder galanten Kreisen der französischen Hauptstadt gewesen und den Versailler Höflingen präsent gewesen sein, als Molière sie aufgriff und auf seine Weise obsolet erscheinen ließ. Daniel Mornet schreibt in seinem Buch über Molière (1943, S. 144), die Frage, ob eine anständige Frau sich vorstellen dürfe, sie liebe ihren

Mann wie einen Liebhaber, zählte zu den beliebten Themen der Pariser Gesellschaft der Zeit, wörtlich: »Une femme honnête peut-elle penser qu'alle aimerait autant son mari s'il n'était que son amant?« Molières Jupiter wird daran anknüpfen. Er glaubt offensichtlich nicht, dass eine Dame der großen Welt, wie Alkmene, ihren Ehemann so leidenschaftlich lieben könne wie einen Liebhaber. Deswegen versucht er in der dritten Szene des ersten Aktes zu erreichen, dass sie, die er doch scheinbar als Ehemann besuchen kommt, ihn lieben solle wie einen Liebhaber:

»mon amour, chère Alcmène,
Voudrait n'y voir entrer rien de votre devoir:
Qu'à votre seule ardeur, qu'à ma seule personne,
Je dusse les faveurs que je reçois de vous,
Et que la qualité que j'ai de votre époux
Ne fût point ce qui me les donne.«

(meine Liebe, teure Alkmene, / Möchte, dass sie nichts Ihrer Pflicht verdankt: / Ihrer Liebesglut allein, meiner Person einzig, / Möchte ich das Entgegenkommen verdanken, das Sie / Mir zeigen, und ich möchte nicht, dass ich es / Meiner Eigenschaft als Ehemann verdanke; V. 571–576).

Den Versailler Höflingen, für die Molière seinen *Amphitryon* ebenso schrieb wie all seine Komödien, dürfte nichts mehr eingeleuchtet haben, als dass Jupiter so vorging. Doch bei Alkmene ist er an die falsche Adresse geraten. Sie reagiert zuerst verständnislos, später empört. Jupiter insistiert jedoch. Zum Beispiel, indem er erklärt:

»Ah! ce que j'ai pour vous d'ardeur et de tendresse
Passe aussi celle d'un époux.«

(Ach, was ich an Leidenschaft und Zärtlichkeit / Für Sie empfinde, geht über diejenigen eines Gatten hinaus; V. 581 f.).

Nochmals bittet er Alkmene, in ihm nicht den Gatten, sondern den »amant« zu erblicken. Sie soll ihn aus Neigung, nicht als Ehepflicht lieben ... All das versteht Alkmene nicht: Sie will gar nichts davon wissen – und erteilt damit nicht nur Jupiter eine Lektion, sondern indirekt auch den galanten Herren des Publikums. Obwohl wir wissen, dass Molière der freien Liebe sonst keineswegs abgeneigt ist, zeigt er uns im *Amphitryon* wieder einmal die ›Kehrseite der Medaille‹: An einer treu liebenden Ehefrau wie Alkmene prallt die Galanterie schlechterdings ab! Cléanthis, die von Molière hinzuerfundene Ehefrau des Sosias, bestätigt, als sie erfährt, wie liebevoll dieser Amphitryon mit seiner Frau umspringt, die Regel, von der wir hier eine Ausnahme vorgeführt bekommen. Sie kommentiert das Zusammentreffen von Jupiter-Amphitryon und Alkmene (I,3) mit den Worten:

»O Ciel! que d'aimables caresses
D'un époux ardemment chéri!
Et que mon traître de mari
Est loin de toutes ces tendresses!«

(O Himmel, was für liebliche Streicheleien / Eines heiß geliebten Gatten! / Und wie mein Schurke von Mann / Fern von all dieser Zärtlichkeit ist!; V. 622–625).

So sieht also in den Augen der »gewöhnlichen Frau« die Ehe aus. Aber Alkmene ist keine solche »gewöhnliche Frau«. So reagiert sie denn auch mit Entrüstung auf den nachfolgenden Besuch des veritablen Amphitryon, der schließlich wutschnaubend wieder davonziehen muss. Jupiter hat – in II,7 – alle Mühe, so etwas wie eine Versöhnung herbeizuführen. Auch da versucht er es zuerst wieder mit der kasuistischen Unterscheidung von Liebhaber und Ehemann. Zornig solle sie nur auf den Letzteren sein, erklärt er Alkmene, die immer noch nicht versteht oder nicht verstehen will, was er meint. Da geht Jupiter-Amphitryon in die Knie und reicht Alkmene sein Schwert: Sie soll ihn damit durchbohren, denn ohne ihre Liebe könne er nicht weiterleben! Da ist dieser Jupiter also zu einem romanhaften Verführer geworden, zu einer Figur, wie sie in den höfisch-galanten Romanen der Mlle de Scudéry (für die Molière nichts übrig gehabt haben dürfte) geworden! Alkmene deutet so etwas wie eine Versöhnungsbereitschaft an, denn ihr gutes Herz geht mit ihr durch, aber diese gilt ja doch auch wieder nur dem vermeintlichen Ehemann, dessen unverständliche und unfeine Streiche sie so in Rage gebracht hatten.

Erst in Folge der Schlussapotheose, die Molière getreulich (aber wenig überzeugend) seinem Stück ebenso angefügt hat wie Plautus oder Rotrou, versöhnt Alkmene sich mit ihrem Schicksal. Und der Gott, der Menschengestalt annehmen musste, um sie zu verführen, macht ihr von seinem Wolkenthron aus ein Kompliment: Er sei es, sagt er, der eigentlich Grund zur Eifersucht habe.

»Et c'est moi, dans cette aventure,
Qui, tout dieu que je suis, doit être le jaloux.«
(Und bei diesem Abenteuer bin ich es, / Auch wenn ich ein Gott bin, der eifersüchtig sein muss; V. 1903 f.).

Nimmt man das zur Kenntnis und bedenkt man, wie nachdrücklich Molière Alkmene auf ihre eheliche Liebe hat pochen lassen, während Jupiter die nahezu alberne Gestalt eines Ehemannes annehmen muss, um ihre Gunst zu erwerben, damit aber nicht zufrieden, die Rolle eines außerehelichen Liebhabers spielen möchte, erscheint es in der Tat sonderbar, wie der Hofklatsch der Zeit diese Geschichte mit der sich anbahnenden Liaison des Königs und der Mme de Montespan in Verbindung bringen konnte – und wie dieser Klatsch von einer entsprechend ausgerichteten Literaturwissenschaft (bei Antoine Adam ebenso wie bei Gero von Wilpert) für bare Münze genommen wurde. Nein, es ist wohl besser, hier nicht an den »Roi

Soleil« zu denken und Molière nicht zu dessen öffentlichem Schmeichler zu degradieren. Seine Pointierung der Amphitryon-Legende muss eher als eine Antwort auf die oben referierte Diskussionsfrage aufgefasst und als Kritik an der höfischen Galanterie verstanden werden. Er war kein ehefeindlicher Autor.

Er war auch kein Feind der Götter, kein Kritiker der Mythologie, wie es eine andere Deutungstradition haben will. Er spielt nur mit ihnen, er amüsiert sich und seine Zuschauer über die Göttersagen der Alten. Es ist wahr: Die Geburt des Herkules eliminiert er. Noch Rotrou hatte mit einer gewissen Feierlichkeit davon gesprochen. Da erschüttert ein Donner das versammelte Personal der Komödie: Amphitryon, seine Offiziere und Sosias »tombent tous évanouis«, und Céphalie, die Dienerin Alkmenes, verkündet in pompösen Versen die Geburt des göttlichen Herkules und seines sterblichen Bruders. Nur mit Mühe findet der Autor zum parodistischen Ton zurück, der ansonsten auch seine Komödie schon kennzeichnet. Molière leistet sich solche Stilbrüche nicht: Er bleibt bei dem scherzhaften Duktus, der von Anfang an vorherrscht. Robert Jouanny spricht angesichts des Schweigens von Amphitryon und der Abwesenheit der Alkmene am Schluss von einer »Niederlage«, die Molière den Göttern habe bereiten wollen. Das dürfte übertrieben sein. Die Mythologie aus der Dichtung zu verbannen, war jedenfalls nicht Molières Absicht, auch wenn Jupiter Alkmene gegenüber klein beigeben muss und man schon sagen kann, deren Menschlichkeit triumphiere über seine Göttlichkeit. Aber seit wann wäre es verboten, mit der Mythologie so umzuspringen, wie Molière es tut, nämlich parodistisch? Es ist zu Recht auf La Fontaine hingewiesen worden, der das in seiner Version der Sage von Amor und Psyche genauso tat. Im weiteren Hintergrund steht die Burleskdichtung, die Scarron und andere von den Italienern, diesen Meistern der Parodie, übernommen hatten.

Aber da wurde dick aufgetragen; es waren grobe Verzerrungen der antiken Götter- und Heldensagen. Noch einmal: Molière treibt nur sein Spiel damit – und nähert sich auf diese Weise Giraudoux, dem Verfasser des achtunddreißigsten *Amphitryon*, an.

George Dandin (1668)

George Dandin ou Le Mari confondu wurde 1668 im Rahmen der Festlichkeiten zur Feier des Friedens von Aachen in Versailles aufgeführt. Die in unseren Augen ziemlich bittere Satire auf den bäuerlichen Parvenü wurde mit Gesang und Tanz inszeniert und war mit Zwischenspielen in Gestalt von Schäferszenen durchsetzt, die die modernen Ausgaben meist unterschlagen. Eignete sich das Stück vom Thema her eigentlich nicht für eine Ballettkomödie, so doch vom Aufbau. Es wiederholt sich dreimal dasselbe, dreimal versucht Dandin vergeblich, seine adlige Frau Angélique beim Rendezvous mit ihrem Liebhaber zu ertappen und immer wieder misslingt dem armen Ehemann das, teils aus Zufall, teils weil Angélique ihn überlistet. Beim dritten und letzten Mal mimt sie einen Selbstmordversuch und Dandin kann nicht umhin, nach dem Rechten zu sehen – kaum ist er aus dem Haus, schlüpfen Angélique und ihre Zofe hinein und verhöhnen den Mann durchs Fenster. Monsieur und Madame de Sotenville, Angéliques Eltern, verkörpern auf grotesk-komische Weise den provinziellen Landadel. Monsieur de Pourceaugnac und die Gräfin von Escarbagnas werden in den gleichnamigen Stücken von 1669 und 1671 bei Molière in ihre Stapfen treten. Die Zahl der Nachkommen dieser vom Lande stammenden und eben deswegen lächerlichen Altadligen in der Komödie des 18. Jahrhunderts ist groß: Molière hat wieder einen neuen komischen Typ geschaffen.

Bei Hof war der Erfolg des *George Dandin* beachtlich, in der Pariser Aufführung, die nachfolgte, blieb der Erfolg aus: Die Stadtbevölkerung fand offenbar doch so recht keinen Gefallen daran, wie die keineswegs engelgleiche Angélique mit ihrem Mann umsprang. Auch moderne Leser oder Zuschauer dürfte das Verhalten der koketten Frau eher empören als amüsieren. Es gilt jedoch zu bedenken, dass sie George Dandin nicht zum Mann gewollt hat, sondern dass die verarmten Eltern den reich gewordenen Bauern zum Schwiegersohn auserkoren, und dieser nun glaubt, für sein gutes Geld Liebe und Fügsamkeit beanspruchen zu können. Seine Einstellung ist materiell, um nicht zu sagen: materialistisch. Von daher ist die unterschiedliche Reaktion bei Hofe und in der Stadt zu verstehen: Die Hofleute fanden Dandins Einstellung so verabscheuenswert, dass sie mit Angélique sympathisierten, die bürgerlicher denkenden Städter dachten da anders. Im Übrigen wird Dandin nicht nur für seine materialistische Einstellung und die altfränkisch-autoritäre Haltung bestraft, sondern insbesondere auch dafür, dass er sein Ziel, die ungetreue Angélique in flagranti zu ertappen, geradezu mit Besessenheit verfolgt. Alle Welt soll wissen, wie sie es treibt – und das geht eben auch zu weit. Ein Dienerpaar, Claudine und Lubin, lockert mit tolpatschigem Gehabe die Handlung auf.

In ihrem Beitrag zum Molière-Band (1980) stellt die Verfasserin des Artikels »George Dandin oder die Krise des Komischen«, Renate Baader, mit Bedauern fest, dass die Wissenschaft »konstant übersehe«, was Angélique, die adlige Frau des Bauern George Dandin, in der sechsten Szene des dritten Aktes ihrem Mann erklärt. Wieder ist die junge Frau, die kokett zu nennen (wie es oben geschah) sicher nicht abwegig ist, nächtens zu einem Rendezvous mit ihrem Verehrer Clitandre geeilt, und wieder glaubt Dandin in befremdend frohlockendem Ton sie in flagranti ertappt zu haben und dafür demütigen zu können. Wir erinnern uns freilich daran, dass Angélique in der zweiten Szene des zweiten Aktes unmissverständlich gesagt hatte, nicht *sie* habe George Dandin geheiratet, sondern ihre Eltern, die sie nicht einmal gefragt hatten, ob sie diesen Mann haben wolle. Da auch Dandin sie nicht gefragt hatte, ob sie einer Ehe mit ihm zustimme, fühle sie sich nicht verpflichtet, seinen autoritären Ehevorstellungen zu entsprechen. Sie wolle nicht »m'enterrer toute vive dans un mari« (in einem Ehemann lebendig begraben sein), sich nicht seiner Tyrannei fügen, sondern sich amüsieren, mit ihren Freunden verkehren usw. Als Dandin darauf nichts anderes zu entgegnen weiß als: »C'est ainsi que vous satisfaites aux engagements de la foi que vous m'avez donnée publiquement?« (So also halten Sie das Treuegelübde, das Sie mir öffentlich gegeben haben?), folgt die Verdeutlichung, die wir eben erwähnt haben. Angélique lehnt sich gegen die Zwangsehe auf, die ihre Eltern als verarmte Landedelleute ihr mit dem reich gewordenen Bauern auferlegt haben. Was ihr vorschwebt – zumal sie noch so jung an Jahren ist –, ist ein partnerschaftliches Verhältnis, wie es die Höflinge in Versailles, die denn auch mit Angélique sympathisieren, für angebracht halten, eine Ehe, in der auch der Frau (modern gesprochen) Möglichkeiten der Selbstverwirklichung zugestanden werden, die sich nicht auf die Hausmütterchenrolle beschränken (wie es der bürgerlich denkende Dandin verlangt). Er hat gutes Geld für die Frau bezahlt, da soll sie ihm auch gehorchen! Im Übrigen ist er ein Grobian, wie man der Replik entnehmen kann, mit der er das Gespräch in II,2 beendet. Da weiß er nichts anderes zu sagen, als: »Il me prend des tentations d'accommoder tout son visage à la compote«. Er möchte also die Frau verprügeln! Und wie …

Als Angélique sich dann wieder mit ihrem Galan trifft und Dandin, der sie dabei erwischt und die Haustür verschlossen hat, sie vom Fenster aus beschimpft, bittet sie zuerst einfach, er möge ihr aufmachen. Der Ehemann aber denkt nicht daran: Er hat bereits den Diener ausgeschickt, Angéliques Eltern zu holen. Sie sollen mit eigenen Augen sehen, was für ein Luder ihre Tochter ist. Nun aber kommt die Stelle, von der Renate Baader meinte, die Molière-Interpreten täten besser daran, sie ernst zu nehmen denn als eine »quantité négligeable« anzusehen. Angélique bekennt sich schuldig und bittet um Nachsicht. Sie verweist erneut auf ihre Jugend – im Übrigen habe sie ja bei ihrem Treffen mit Clitandre nichts Böses getan. Wieder reagiert Dandin starr und unduldsam. Er steckt offensichtlich voller Schadenfreude: Von Entgegenkommen, von Verständnis oder Menschengüte kann nicht die Rede sein. Angélique jedoch verfällt nicht nur in einen flehentlichen Ton, sie verspricht ihrem garstigen Ehemann, ihm von nun an treu und gefügig zu sein:

> »Je ne veux point m'excuser par là d'être coupable envers vous, et je vous prie seulement d'oublier une offense dont je vous demande pardon de tout mon cœur, et de m'épargner en cette rencontre le déplaisir que me pourraient causer les reproches fâcheux de mon père et de ma mère. Si vous m'accordez généreusement la grâce que je vous demande, ce procédé obligeant, cette bonté que vous me ferez voir, me gagnera entièrement. Elle touchera tout à fait mon cœur, et y fera naître pour vous ce que tout le pouvoir de mes parents et les liens du mariage n'avaient pu y jeter. En un mot, elle sera cause que je renoncerai à toutes les galanteries, et n'aurai de l'attachement que pour vous. Oui, je vous donne ma parole que vous m'allez voir désormais la meilleure femme du monde, et que je vous témoignerai tant d'amitié, tant d'amitié, que vous en serez satisfait.«
>
> (Ich will mich nicht reinwaschen, ich will meine Vergehen gegen dich nicht leugnen; ich bitte dich nur, mir die Verzeihung zu gewähren, um die ich dich von ganzem Herzen anflehe, mir diese Begegnung zu ersparen, den

Schmerz, von meinen Eltern bitter getadelt zu werden. Bewilligst du mir großmütig diese Vergünstigung, um die ich dich ersuche, dann wird deine Güte und dein Entgegenkommen mich dir tief verpflichten, und du hast mich ganz für dich gewonnen. Mein Herz wird sich dir öffnen; was der Macht meiner Eltern und was dem Ehestand bisher nicht gelang, wird erblühen. Mit einem Wort: dank deiner Großmut werde ich allen verliebten Abenteuern entsagen und nur für dich dasein. Ja, ich gebe dir mein Wort, daß du in mir künftighin die beste Frau der Welt haben wirst, daß du von mir soviel Zuneigung bekommst, soviel Zuneigung, als du dir nur wünschen kannst; Übers. von H. Weigel; III,6).

Die Frau appelliert also an die »générosité« des Mannes, an seine »bonté« und verspricht ihm dafür (worauf er jederzeit zurückkommen könnte), die gewünschte Rolle als Ehefrau zu spielen. Wahrscheinlich machte man es sich zu einfach, wenn man das lediglich als Schmeichelei, als eine aus der Not geborene List ansehen würde. Viel hängt natürlich hier, wie so oft, von der schauspielerischen Interpretation ab. Angelegt hat Molière die Passage jedenfalls als ein Entgegenkommen von Seiten der Frau, das man geradezu als eine Korrektur der Eheauffassung Dandins verstehen kann: Zeigt er »Edelmut« und »Güte«, kann die Frau sich mit der Alleinbindung an ihn zufrieden geben, da kann sich sogar Liebe einstellen ... Dandin täte gut daran, möchte man meinen, diese Chance wahrzunehmen. Aber er denkt nicht daran, auf das Angebot einzugehen. »Ah! crocodile, qui flatte les gens pour les étrangler« ist alles, was er Angélique zu entgegnen weiß! Was Wunder, dass sie da nun zu der Todeslist greift, mit deren Hilfe sie sich ins Haus hineinschleichen und Dandin vor die Tür befördern kann, die sie nun ihrerseits von innen verschließt. Der Versuch, den Ehekrieg zu beenden, ist an Dandins Hartherzigkeit gescheitert. Man braucht sich nicht zu wundern, dass er weitergehen wird. Schuld daran ist – Koketterie hin, Koketterie her – in erster Linie der Ehemann, George Dandin. Molière hat seine »Moral von der Geschicht'« der höfischen Galanterie abgelauscht, aber wer wollte leugnen, dass er damit einer modernen Eheauffassung entgegenkommt?

L'Avare (1668)

Durch die Versailler Festlichkeiten, für die der *George Dandin* bestimmt war, wurde die Fertigstellung des *Avare* etwas verzögert. Die Uraufführung des bekannten Stückes fand dann im September des Jahres 1668 statt. Das Publikum reagierte zurückhaltend, angeblich weil es eine fünfaktige Komödie in Prosa ungewöhnlich fand. Wenn das der Grund gewesen wäre, hätte es freilich auf den *Dom Juan* schon genauso reagieren müssen, was es nicht tat. Daher möchten wir eher annehmen, dass das Stück – trotz aller komischen Einlagen – dem Publikum nicht amüsant, sondern eher ein wenig unheimlich vorkam. Man kann es sich kaum anders denken.

L'Avare zählt zu Molières beliebtesten Stücken. In der Aufführungsstatistik der Comédie-Française figuriert er, nach dem *Tartuffe* und vor dem *Médecin malgré lui*, an zweiter Stelle. In Deutschland dürfte er neben *Le Malade imaginaire* und *Le Misanthrope* eine Spitzenstellung unter Molières Komödien einnehmen. Das liegt sicher nicht nur, aber auch an der hohen Wertschätzung des Stückes durch Goethe, der in seiner Lobeshymne auf Molière in seinen Gesprächen mit Eckermann am 12. Mai 1825 gleich auf den *Geizigen* zu sprechen kommt. Er nennt das Stück »besonders groß und in hohem Sinne tragisch«, tragisch, weil darin »das Laster zwischen Vater und Sohn alle Pietät aufhebt«.

Szenenfoto aus *L'Avare* in der Inszenierung von Willi Schmidt (Hamburg 1958; Joseph Offenbach als Harpagon)
Foto: Rosemarie Clausen

Französische Literaturwissenschaftler haben diesem Urteil oft widersprochen. Der wohl beste Kenner des 17. Jahrhunderts, Antoine Adam, betont ausdrücklich: »L'Avare n'est absolument pas tragique.« Für Adam ist Harpagon, so wie er wahrscheinlich von Molière selbst gespielt wurde, ein hagerer, hustender, gebückt und trippelnd daherkommender alter Mann am Ende seiner Kräfte, der nur noch grotesk-komisch wirkt. Die Wahrheit dürfte in der Mitte liegen: Um tragisch zu wirken, müsste Harpagon Mitleid einflößen – dazu aber ist er zu böse, zu inhuman; ihn nur komisch zu finden, verbietet schlechterdings seine Machtposition als Familienoberhaupt. Wen seine Manie so weit von der Menschlichkeit entfernt wie Harpagon sein Geiz – oder richtiger: seine Habgier –, den verabscheuen wir. Die Tatsache, dass es ein Familienvater ist, der menschliche Gefühle nicht mehr zu kennen scheint, macht die Sache besonders schlimm. Als Élise ihren Vater daran erinnert, dass Valère, von dem Harpagon meint, er habe seine Kassette gestohlen, ihr einst das Leben gerettet habe, entgegnet der von seinem Wahn Besessene doch tatsächlich:

> »Tout cela n'est rien; et il valait bien mieux pour moi qu'il te laissât noyer que de faire ce qu'il a fait.«
>
> (Das zählt nicht; er hätte besser daran getan, dich ertrinken zu lassen, als das zu tun, was er getan hat; V,4).

Das sind Worte, die doppelt schrecklich wirken dadurch, dass der sie spricht, gar nicht zu merken scheint, was er da sagt.

Wie hier, so vergeht uns auch an vielen anderen Stellen dieser Komödie das Lachen. Molière hat sich Mühe gegeben, es wenigstens episodisch aufkommen zu lassen. Dazu sind vor allem die Diener da. Harpagon selbst lässt uns eher erschauern, so tief greift seine Deformation. Sie grenzt ans Unheimliche – ist aber doch jederzeit, bei all seinem Reden und Tun, derart plausibel, dass sie kaum je unglaubhaft, vielmehr stets überzeugend erscheint. Man sagt sich: Ja, so ist, so reagiert ein »Geiziger«! Das spricht für die psychologische Treffsicherheit Molières, den man als Menschenkenner bewundert.

Zugleich aber war Molière eben ein ›Theaterkönner‹: Das zeigt dieses Stück nun erst recht. Bis auf den Schluss, dessen Konventionalität so offensichtlich ist, dass man ihn eigentlich nur mit einem amüsierten Lächeln zur Kenntnis nehmen kann, kann man auch den Aufbau des *Avare* nur bewundern. Da ist nichts zu viel und nichts zu wenig. Wie es sich für eine Charakterkomödie gehört, stehen alle Personen in einem direkten Bezug zur Hauptperson, auf deren Geiz sie reagieren und sich dabei als die ›profilieren‹, die sie sind. Das gilt für die Diener ebenso wie für die Kupplerin Frosine, vor allem aber für die beiden Liebespaare Valère und Élise, Cléante und Mariane. Sie verkörpern – wie gesagt worden ist – eine Welt, die mit derjenigen Harpagons inkompatibel ist. Umso grotesker mutet der Versuch des Geizigen an, in diese Welt einzudringen. Von seinem Geiz wird Harpagon nicht geheilt, aber er muss in seine Sphäre zurückgedrängt werden: So ist die Welt dann, wenn auch eher schlecht als recht, wieder in Ordnung gebracht. So gesehen geht es bei dem Stück um die Abwehr einer Störung. Harpagon ist für seine Familienangehörigen, vor allem für die Kinder, ein Störenfried. Insofern haben wir es wie im *Tartuffe* und im *Malade imaginaire* mit einem ›Familiendrama‹ zu tun. Das mag zur Beliebtheit des *Avare* nicht wenig beigetragen haben. Mit dem Aufkommen des bürgerlichen Theaters im Laufe des 18. Jahrhunderts werden dramatische Ereignisse, die sich im Familienkreise abspielen, zur Regel. Es läge von daher nahe, Molières Komödie unter die Vorwegnahmen dieser späteren Theatergattung zu zählen. Dazu passte auch das Thema Geiz. Je bürgerlicher das Theater und sein Publikum werden, desto größer wird grundsätzlich auch, so kann man wohl sagen, die Rolle, die das Geld darin spielt. Mit der Wahl seines Themas tat Molière einen glücklichen Griff: Es wird nicht so schnell unaktuell werden.

Harpagon konnte denn auch nur ein Bourgeois, kein Adliger sein. Der höfische Adel brauchte und verbrauchte das Geld, das die Bürgerlichen verdienten, aber er achtete die Vertreter dieser Klasse darum doch nicht höher. Uns mag diese Einstellung widersprüchlich oder sogar pervers vorkommen, es war diejenige, mit der Molière zu rechnen hatte, wenn er Erfolg haben wollte – und darauf war er angewiesen. Die feudal-höfische Färbung seines Publikums hat dem Dichter somit sein Geschäft, einen raffgierigen Geizhals lächerlich zu machen, gleichsam erleichtert. Das wird im französischen Theater noch eine Weile genauso sein. Grundsätzlich ist zum Beispiel Lesage mit seiner Steuereinnehmerkomödie *Turcaret* 1709 noch in Molières Stapfen getreten. Die Praktiken des Steuereinnehmers sind vielleicht etwas raffinierter, aber grundsätzlich liegt der Fall ähnlich: Niemand achtet den reichen Mann, alle verabscheuen sie ihn.

Erst mit den sechziger Jahren des 18. Jahrhunderts wird sich das ändern. Da begegnen wir nicht nur immer mehr Kaufleuten, die sich mit ihren Geschäften zu Reichtum und Ansehen in der Gesellschaft verholfen haben, es wird sogar – in einem der Bürgerdramen von Beaumarchais – Steuereinnehmer geben, die ehrlich und gut sind. Familienväter schlecht zu machen, kam schon gar nicht mehr in Frage. Das erklärt einen gewissen Rückgang der Beliebtheit des *Avare*, die keiner deutlicher bekundet als Rousseau. Wie der *Misanthrope*, an dem Rousseau noch mehr auszusetzen hatte, hat sich dennoch auch der *Avare* bis auf den heutigen Tag als besonders zugkräftig erwiesen. Dass das Stück den Erfolgsrückgang so rasch und so dauerhaft überwinden konnte, mag auch an seinem Aufbau, an der polyphonen Komposition liegen, die man nicht umsonst gerühmt hat. Man erkennt sie, indem man sich die Personen und deren Konstellation vergegenwärtigt.

Beginnen wir (der Reihenfolge ihres Auftretens folgend) mit Valère und Élise (I,1). Élise wirkt traurig, sie scheint niedergeschlagen zu sein: Valère konstatiert das gleich zu Beginn mit Befremden – und es ist für eine jugendliche Liebende auch ungewöhnlich. Was ist vorgegangen? Um das zu erfahren, muss man den Text sehr genau lesen, und man muss auch den vornehmen, verhüllenden Gestus der Liebessprache des 17. Jahrhunderts mit bedenken. Valère fragt, ob es Élise Leid tue, »de m'avoir fait heureux« (dass sie ihn glücklich gemacht habe), und er fragt, ob sie ihr »engagement« bereue. Mit dem Letzteren ist, wie wir später erfahren, ein gegenseitiges Ehe- und Treueversprechen gemeint, das unter Zeugen abgegeben und von beiden Partnern unterschrieben wurde, eine »promesse de mariage«, was ungefähr unserer Verlobung entsprechen würde. Die Paarbindung ist fest und auf diese Weise in beider Augen verbindlich gemacht worden. Wenn Élise in der Folge dann erklärt, sie bereue nichts von dem Entgegenkommen, zu dem Cléante sie mit seiner leidenschaftlichen Liebe gebracht habe, mag das auch auf dieses »engagement« zu beziehen sein, es spricht aber alles dafür, dass zumindest auch intimere Beziehungen gemeint sind. Wie anders sollten sich die Ängste vor dem, was daraus werden solle, erklären, die Élise (wie sie dann sagt) erfüllen, wie anders soll es verstanden werden, wenn sie erklärt, sie liebe Cléante etwas mehr, als sie eigentlich sollte. Im Original ist da von »les témoignages trop ardents d'une innocente amour« die Rede, was man sicher nicht so zu verstehen hat, wie Hans Weigel es tut, wenn er in seiner Übersetzung von den »rückhaltlosen Geständnissen unserer Liebe« spricht. Das dürfte eine Verharmlosung sein. Mit »témoignages« ist vermutlich mehr als nur ein Entgegenkommen verbaler Natur gemeint. Molière hat Élise also nicht nur einmal, sondern wiederholt Wendungen in den Mund gelegt, die den aufmerksamen Leser oder Hörer – wenn er nicht absichtlich weghört – vermuten lassen müssen, die beiden Liebenden hätten sich die Ehe nicht nur versprochen, sondern sie hätten sie auch schon vorwegnehmend vollzogen.

Dem steht freilich entgegen, was Valère in der Quiproquoszene V,3 zu Harpagon sagt. Da weist Valère den Argwohn des Geizigen, der sich auf die Kassette bezieht, der aber so formuliert wird, als sei die Jungfräulichkeit Élises gemeint, mit Nachdruck zurück. Er habe sie nicht angerührt, erklärt Valère, nur »reine Gefühle« hätten ihn beseelt, nur ihres Anblicks habe er sich erfreut, weiter zu gehen habe ihre Tugendhaftigkeit nicht erlaubt – was Harpagon nicht ohne Verwunderung vernimmt, wo er doch an die Kassette denkt, während Valère von Élise spricht. Wie lassen sich die Beteuerungen Valères mit den Aussagen der Anfangsszene vereinen? Man kommt kaum umhin zu sagen: überhaupt nicht! Natürlich hat Valère allen Anlass, Élises Tugend in den Himmel zu heben. Aber dürfen wir ihn deswegen der Lüge zeihen? Seine Äußerungen klingen so explizit, dass uns rückblickend wohl nichts anderes übrig bleibt, als an dem Eindruck zu zweifeln, den Élises Worte zu Beginn erweckt haben. War das eine ›falsche Fährte‹? Die Sache bleibt rätselhaft. Sicher ist nur, dass das Anliegen der beiden Liebenden von größter Dringlichkeit ist. Valère und Élise kennen sich auf jeden Fall schon länger, denn es ist eine Weile her, dass der junge Mann das Mädchen vor dem Ertrinken gerettet hat. Nun wollen sie heiraten. Von daher erhält die Frage Spannung: Wird es Valère gelingen, den alten Geizhals rumzukriegen oder nicht? Und das ist auf jeden Fall ein dramatischer Gewinn. Was wie ein unverbindliches galantes Geplänkel erscheint, wenn man es nur flüchtig zur Kenntnis nimmt – eben das erste Gespräch zwischen Élise und Valère –, bekommt so entschieden mehr Gewicht. Aber damit es das bekommt, muss es auch ebenso deutlich, oder, wenn man so will: ebenso anzüglich übersetzt werden, wie es dasteht.

Valère versucht, Harpagon für sich einzunehmen, indem er ihm nach dem Munde redet, sich bei ihm einschmeichelt und auf diese Weise zum Intendanten des Hauses aufrückt, also die Oberaufsicht über das Dienstpersonal bekommt. Dass er sich bei diesem unbeliebt macht, ist ihm einerlei, denn es fehlt ihm nicht an dem stolzen Bewusstsein, ein Herr zu sein. Als solcher wird er sich ja dann in der zweitletzten Szene zu erkennen geben. Auch vorher muss man ihm das jedoch schon anmerken – sonst wird er falsch gespielt. Die zweite Szene des dritten Aktes ist in der Hinsicht besonders prekär, denn da hat Maître Jacques ja eigentlich allen Grund, dem vermeintlichen Speichellecker Valère auf den Leib zu rücken. Dass Valère ernsthaft Prügel bekommen könnte, ist jedoch undenkbar. Prügel sind für die wirklichen Diener da, daher auch für den Koch oder Kutscher Jacques, aber nicht für Valère, den Verlobten der Élise, der die Sympathien des Publikums nicht verlieren darf.

Valère ist von den jugendlichen Verliebten der erfahrenste, das kann man auch den Erklärungen entnehmen, die er für seinen Umgang mit Harpagon abgibt. Er ist nicht nur taktisch klug, er vermag seine Taktik auch argumentativ zu erläutern. Was er da an Grundsätzlichem über die Blendwirkung der Schmeichelei und die Notwendigkeit der Anpassung sagt, ist moralistisches Erbgut. Wir fühlen uns unmittelbar an La Rochefoucauld erinnert, der in seinen *Maximen* Ähnliches über beide Verhaltensweisen, die Schmeichelei vor allem, sagt. Auch an La Fontaines Fabeln könnte man erinnern: Sie sind vom selben Geist geprägt. (Man denke nur an die Moral der Fabel vom Fuchs und vom Raben.) In Molières Komödie heben diese Gedanken Valère nicht nur sozial, sondern auch geistig auf ein höheres Niveau.

Hat man so am Ende der ersten Szene etwas ernsthaftere Gedankennahrung vorgesetzt bekommen, so ist die zweite Szene (I,2) wieder ganz zum Schmunzeln gemacht. Cléante muss seiner Schwester unbedingt sagen, wie verliebt er ist. Sie soll ihm keine Vorhaltungen machen, deswegen nimmt er alle denkbaren Einwände selbst gleich schon vorweg. Das ist ein hübscher Einfall Molières. Er weicht vom Üblichen ab und kennzeichnet Cléante genau so, wie er ist: über beide Ohren verliebt und unfähig, an irgend etwas anderes zu denken als an seine Liebe. Ist er von ihr nicht genauso besessen wie sein Vater von der Habgier? Das könnte man vielleicht sagen. Nur dass Cléante seine Obsession eben besser steht, weil er jung und hübsch ist. Als seine Schwester ihm andeutet, sie befinde sich in einer ähnlichen Lage, interessiert ihn das nicht sonderlich. Er hat seine eigenen Probleme. Die hängen natürlich vor allem mit dem Geiz des Vaters zusammen, der es ihm unmöglich macht, »de porter des habits raisonnables« (vernünftig gekleidet – das heißt elegant – daherzukommen), seiner Geliebten Geschenke zu machen usw.

In der vierten Szene erfahren wir mehr darüber. Cléante hat dabei – wie zuvor Valère – die Sympathien des Publikums für sich. Das gilt seit eh und je für die jugendlichen Liebenden in der Komödie: Jeder möchte so sein wie sie! Aber als modebewusster junger Mann konnte Cléante zu Molières Zeiten insbesondere mit der Zustimmung der Höflinge rechnen. Er kleidet sich wie sie, während Harpagon nicht nur an seinen Kleidern spart, sondern sich durch sie als ein Mann von gestern kennzeichnet. Hierin ähnelt er dem Arnolphe der *École des Femmes*. Molière brauchte Vorwürfe von der Art, wie sie Rousseau später aussprechen wird, nicht zu befürchten: Rousseau meinte, die Unverschämtheit des Sohnes sei nicht weniger verwerflich als die Lasterhaftigkeit des Vaters. Ein Stück, das es einem nahe legt, einen Sohn wie diesen zu bewundern, sei »une école de mauvaises mœurs« (eine Schule unsittlichen Betragens). Was Molière angeht, war Rousseau eben ein notorischer Nörgler. Man fragt sich, ob er Molière nicht verstand oder ob er ihn bloß nicht verstehen wollte.

Im Übrigen ist Cléante sowohl couragiert als auch keineswegs dumm. Man erfährt das in der siebten Szene des dritten Aktes. Da macht er Mariane klar, wie er über die Heiratsabsichten seines Vaters denkt, ohne dass dieser es merkt. Inzwischen hat er auch schon – auf Kosten seines Vaters – eine überaus kostbare und köstliche Erfrischung vorbereitet, die er Mariane an seines Vaters Statt anbieten kann, und schließlich zieht er ihm gar noch den Ring vom Finger und schenkt ihn seiner Angebeteten. Cléante ist eine Gegenfigur zu Harpagon. Er repräsentiert die Jugend, wie Harpagon das Alter verkörpert. Dass die beiden Lebensalter, von Vater und Sohn versinnbildlicht, regelrecht miteinander Krieg führen, und man durchaus nicht weiß, wer den Sieg davontragen wird, macht einen Gutteil der Spannung des Stückes aus. Der alte Harpagon ist gefährlich genug, dass man um die Chancen des Sohnes bangen kann. Aber natürlich hofft man für ihn …

Mariane kann als Mädchen nicht so aufmüpfig auftreten wie Cléante. Es gehört wohl zum Erwartungsklischee, dass sie gehorsam sein muss. Im Übrigen ist ihr Benehmen von exquisiter Höflichkeit Élise gegenüber. All das schließt nicht aus, dass auch sie schlau genug ist, die listige Rede Cléantes in Anwesenheit des Geizigen nicht nur zu verstehen, sondern auch entsprechend zu beantworten. Mariane, sehr jung und sehr hübsch vorzustellen, ist jedenfalls eine intelligente Person. Sie verdient ihren Cléante.

Den Geizigen hat Molière selbst gespielt. Von daher wissen wir etwas mehr über die Rolle, als im Text steht. Molière war, wie wir gesehen haben, als Schauspieler auf die Choleriker spezialisiert und trat zumeist als Sganarelle auf. Hier nun, in der Rolle des Harpagon, kommt noch die Bösartigkeit hinzu, übrigens auch eine frappante Barschheit im Umgang mit den Dienern. Außerdem ist er gehetzt: Er läuft immerzu zwischendurch in den Garten, um nach seiner Kassette zu sehen. Das hat etwas zwanghaft Mechanisches. Als Mann von über sechzig ist Harpagon für die Zeitgenossen schon fast ein Greis. Deshalb macht er sich lächerlich, wenn er auf Freiersfüßen geht. Das höfische Publikum hielt es mit Sicherheit für ausgemacht, dass jemand wie er für die Liebe nicht mehr taugt. Im Bürgertum mag das ein bisschen anders ausgesehen haben. Jedenfalls gab es solche abscheulichen Heiraten, wie Harpagon sie plante, damals durchaus. (Ariane Mnouchkine hat in ihrem Molière-Film diesen Aspekt besonders drastisch veranschaulicht.) Wenn Molière die Absicht des alten Mannes, ein junges Mädchen zu heiraten, geißelt, reitet er eines seiner Steckenpferde. Man kennt es insbesondere aus der *École des Femmes*. Hätte der Autor nicht die Sympathien des Adels auf seiner Seite gehabt, hätte er dem Stand, dem er entstammte, schwerlich solche Lektionen erteilen können.

Im Übrigen erinnert Harpagon auch an den Pantalone der Commedia dell'arte, der immer schon geizig und – man kann es nicht anders sagen – geil ist. Doch Harpagon ist kein Venezianer Kaufmann, sondern ein Pariser Bürger und Zeitgenosse Molières. Dass er zu Hause, in einer Kassette, zehntausend Taler aufbewahrt, erklärt Molière als Zufall und Ausnahme: Harpagon bekam die Summe eben erst in bar ausgezahlt und konnte das Geld noch nicht, wie sonst, zinsgünstig anlegen. Wie man so etwas macht, weiß er sehr wohl. In Geldsachen ist Harpagon ebenso erfahren wie gerissen und skrupellos. Der Schritt zum ›Kapitalisten‹ ist von ihm nicht weit, kleiner jedenfalls als der Schritt vom alten Euclio des Plautus zu ihm (wie gleich noch zu zeigen sein wird).

Setzt seine Monomanie einmal aus, ist Molières Geiziger auch schlau im Umgang mit Menschen. Er versteht es, seinen Sohn »aufs Kreuz zu legen« (IV,3) und fällt auf die Komplimente, die die Kupplerin Frosine ihm macht, nicht herein. Selbst in seinem großen Klagemonolog (IV,7) hat er lichte Momente, wenn es gilt, nach seinem Dieb zu fahnden. Nur als Verliebter wirkt er plump. Seine Versuche, sich Mariane gegenüber galant zu zeigen (III,5), scheitern kläglich. Frosine hat sicher Recht, wenn sie meint, Harpagon liebe Mariane vielleicht, aber mehr liebe er sicher sein Geld.

Die Kupplerin ist eine der farbigsten Nebenpersonen des Stückes. Sie ist die vom Schicksal Geschundene, die keine Illusionen hat und keine Bedenken kennt, wenn es gilt, dem alten Geizhals etwas vorzulügen. Zwar mag man sagen, sie habe ein gutes Herz, denn sie meint es gut mit den jungen Liebenden. Aber ihr Rat, den alten Mann zu heiraten, er werde ja doch bald sterben und dann, als Witwe, sei sie eine freie Frau, will Mariane verständlicherweise nicht so recht zusagen.

Zum Personal des *Avare* gehören dann noch die Diener, La Flèche und Maître Jacques sowie La Merluche und Brindavoine. La Flèche, nicht zu vergessen, ist Cléantes Diener. Das spricht für die Großbürgerlichkeit des Hauses. Zwar sagt La Flèche bei Gelegenheit, er halte sich von den Gaunereien seiner Standesgenossen zurück – aber es ist nicht zu leugnen, dass er sie kennt. Schließlich ist er es dann auch, der die Kassette stiehlt. Für die Handlung ist dieser Diener also überaus wichtig. Und es versteht sich, dass er zu Cléante, seinem jungen Herrn, hält.

Maître Jacques dagegen ist ein Kauz. Mit seiner Liebe zu den Pferden und seinem zeremoniellen Rollenspiel, mal als Koch, mal als Kutscher, trägt er wesentlich zur Aufheiterung der Komödie bei. Wahrscheinlich hat Molière ihn hauptsächlich deswegen ins Spiel gebracht. Brindavoine und La Merluche dienen einerseits auch wieder dazu, die Stattlichkeit des Bürgerhauses zu veranschaulichen, andererseits illustrieren sie mit ihren durchlöcherten oder schadhaften Kleidern den Geiz Harpagons.

Bliebe noch ein Wort zu Maître Simon, Dame Claude

und zum alten Anselme zu sagen. Der Polizeikommissar, der von seinem Schreiber wie von einem Schatten begleitet wird, hat eine durchaus originelle Taktik, Verbrecher zu überführen: Er tut das mit Scheinfreundlichkeit. Das macht die Rolle gut spielbar. Dame Claude ist nur eine Statistin. Man muss sie sich als Haushälterin etwas älter denken. Sie ist die Vertraute von Valère und Élise und als solche in deren Verhältnis eingeweiht. Anselme schließlich muss die undankbare Rolle des »Pater ex machina« spielen: würdevoll, konventionell und voller Menschengüte.

Wie kam nun Molière auf die Idee, eine Geizkomödie zu schreiben? Darauf gibt es mehrere Antworten. Vom Werkganzen her gesehen, vor allem den großen Charakterkomödien, dem *Tartuffe*, dem *Dom Juan*, später dem *Malade imaginaire*, in Grenzen auch dem *Misanthrope*, kann man sagen: Als psychische Wahnidee bot sich der Geiz (oder die Habgier) geradezu an, denn daraus ließ sich das denkbar größte komische Kapital schlagen, besser noch als aus den anderen Wahnideen, der Religionshörigkeit Orgons, der Verführer-Eitelkeit Don Juans, der Todesangst Argans oder dem Ehrlichkeitsfanatismus Alcestes. In den Zusammenhang dieser Charakterkomödien, die man vielleicht auch »Wahnkomödien« nennen könnte, gehört der *Avare*.

Insofern Harpagons Geiz sich familienzerstörerisch auswirkt, ist der Zusammenhang mit dem *Tartuffe* und dem *Malade imaginaire* besonders eng. Orgon und Argan werden wie Harpagon als Wahnverfallene zu Haustyrannen, sie sind die nächsten Verwandten des Geizigen. Alle drei Hausväter stemmen sich gegen das Glück der jungen Liebenden und ziehen dabei schließlich – wie es in der Komödie sein muss – den Kürzeren. Orgon sucht Sicherheit im Schoße der Kirche, weil er sich als jemand, der mit der Fronde sympathisierte, politisch suspekt gemacht hatte. Tartuffe sollte ihm diese Sicherheit verschaffen. Argan sucht Schutz vor der Krankheit und vor dem Tod bei Ärzten und Apothekern. Im einen wie im anderen Fall handelt es sich um so etwas wie Angstpsychosen. Warum Harpagon eigentlich beständig ans Geld denkt, davon nicht genug bekommen kann und es mit Besessenheit hortet, ist weniger offenkundig. Aber man darf vielleicht doch auch annehmen, dass so etwas wie ein Sicherheits- und Schutzbedürfnis dahintersteckt. An Exklusivität steht die Geldgier Harpagons hinter der Todesangst und dem Frömmigkeitswahn seiner Komödien-Kollegen nicht zurück.

Dass Molière sich das Geizthema zur Gestaltung anbot, leuchtet also ein. Bleibt die Frage, wie er dazu kam. Hier ist nun der Ort, der Vorlage des *Avare* zu gedenken und nach der Beeinflussung Molières durch den römischen Komödiendichter Plautus zu fragen.

Es soll nicht bestritten werden, dass Molière sich bei der Niederschrift seiner Geizkomödie auch anderer ›Quellen‹ erinnerte. Vor allem nutzte er eine zeitgenössische Liebeskomödie, Boisroberts *Belles plaideuses*, um Vater und Sohn, den Alten und die jungen Liebenden miteinander zu konfrontieren. Aber Plautus' *Aulularia* gab ihm die wesentlicheren Ideen, vor allem diejenigen zur Gestaltung des Geizigen selbst, an die Hand. Auch hier sind freilich die Umwandlungen interessanter als die Übernahmen. Bei Plautus (das ist oft beschrieben worden) ist der Geizige, Euclio, ein armer Schlucker, der zufällig in seinem Haus einen Topf voll Gold gefunden hat (daher der Titel *Aulularia*, von *aula* ›Topf‹). Seit dem Fund ist Euclio wie verwandelt: Er kann an nichts anderes mehr denken als an ihn. Er ist also nicht habgierig oder geizig von Natur, er ist ein Glückskind, das sein Glück nicht verkraften kann, einem modernen Lotteriegewinner vergleichbar. Sicher nehmen dann einige der Äußerungen Euclios schon durchaus die Formen des Geiz-Habitus an – und die hat Molière dann übernommen – aber von einer Charakterkomödie im Sinne Molières kann nicht die Rede sein. Auch natürlich von den Zinsspekulationen und Wuchertechniken nicht, die Harpagon beherrscht. Euclio hat einen reichen Nachbarn, Megadorus, und eine Tochter, Phädra: Der Nachbar will Phädra zur Frau und verspricht, sie *ohne Mitgift* zu nehmen, was Euclio natürlich willkommen ist. Diese Idee hat Molière übernommen. Phädra aber liebt nicht Megadorus, sondern ihren Vetter Lyconides, der jünger und attraktiver ist. Als Euclio sein Goldtopf gestohlen wird – der Dieb ist ein Sklave, Strobilus –, verdächtigt er Lyconides, und es kommt zu einer Fragefolge, die das gleiche komische Quiproquo enthält wie Molières *Avare*. Auch das ist eine relativ vollständige Übernahme. Mit Lyconides' Absicht, den Goldtopf Euclio zurückzugeben, bricht Plautus' Stück, das Fragment geblieben ist, ab. Ein italienischer Humanist der Renaissancezeit hat es vervollständigt und das *happy end* der Ehe zwischen den jungen Liebenden hinzugefügt, wie es auch Molière gestaltet.

Keine plautinische Übernahme aber ist so interessant wie die des großen Klagemonologs (IV,7) in Molières *Avare*. Zunächst müsste gesagt werden, dass auch hier Spuren zu finden sind, die beweisen, dass Molière Marolles gelesen hat. Die Wendung »je suis perdu, je suis assassiné« (ich bin verloren, ich bin erschlagen), die Molière seinen klagenden Geizigen gebrauchen lässt, ist wörtlich Marolles entnommen. Bei Plautus stand: »perii, interii« (Ich bin zugrunde gerichtet, ich bin umgekommen). Dann finden sich in dem Monolog auch Spuren anderer Vermittler, zum Beispiel des Italieners Lorenzino Medici, der in einer Komödie von 1536 den plautinischen Text ins Italienische übertragen hatte und bei dem dieser, wie bei Molière, mit dem Ruf »Haltet den Dieb, haltet den Dieb!« begann. Die italienische Komödie wurde 1579 von Pierre de Larivey ins Französische übersetzt. Zumindest diese Version hat Molière auch gekannt und benutzt. Er hat jedoch gewisse plautinische Bestandteile des Textes, die seine unmittelbaren Vorgänger, Lorenzino Medici und Pierre de Larivey, eliminiert hatten, wieder in den Text hineingebracht, so das irre »Où courir? Où ne pas courir?« (Wohin soll ich laufen? Wohin nicht laufen?), das Plautus' »Quo curram? quo non curram?« entspricht.

Überhaupt findet sich die Steigerung der Verzweiflung des Geizigen in diesem Monolog, der dadurch die Grenzen des Komischen sprengt und unheimlich wird, diese Steigerung zum Wahnsinn, nur bei Plautus vorgegeben, nicht bei den Vermittlern der Zwischenzeit. Molière hat sie mit dem Griff nach dem eigenen Arm – oder dem eigenen Schatten, wie es meistens gespielt wird – auf die Spitze getrieben. Da spürt man erst recht, wie existentiell das Geld für Harpagon war. Er verliert mit ihm nicht nur allen Grund zum Leben, er verliert auch seinen (ja nicht geringen) Verstand. Dann aber merkt er das wieder, besinnt sich, hält inne und wendet sich ans Publikum, um es nach dem Verbleib »seines Diebes« zu befragen. Diese Rede über die Rampe, die eine entsprechende Reaktion der Zuschauer voraussetzt, ist wieder Plautus entnommen. Der römische Komödienautor ließ seine Figuren gern ins Publikum hineinreden, meist um es zu ermahnen, es solle still sein und gut zuhören, wie bei unserem Kasperletheater. Molières Durchbrechung der ›vierten Wand‹ ist umso wirksamer, als sie vereinzelt dasteht. Der Klagemonolog des Geizigen ist ein Höhepunkt, oder, wenn man so will: Tiefpunkt der Komödie. Er muss so gespielt werden, dass das Publikum wirklich ein Schaudern packt. Übrigens bleibt Harpagon sich auch hier als Pariser Bürger treu, wenn er wiederholt nach der Justiz ruft. Der Staat hat für Recht und Ordnung zu sorgen, findet er. Das war bei Plautus noch nicht so – auch dies ist ein Element, das dem vergessenen Renaissance-Italiener zu verdanken ist: Molière konnte es gebrauchen und hat es übernommen. So ist der ganze Monolog, obwohl er wie aus einem Guss wirkt und organisch in den Kontext eingefügt ist (es ist Harpagon, der spricht, nicht etwa Euclio oder ein anderer!) eine »Kontamination« verschiedener Quellen. Molière konnte es sich leisten, vieles zu übernehmen; seine Originalität litt nicht darunter.

Den drei Komödien des Jahres 1668 folgte 1669 die Uraufführung des *Tartuffe* in seiner heutigen Gestalt. Darauf folgten *Monsieur de Pourceaugnac* und *Les Amants magnifiques*, zwei königliche »Divertissements« noch im selben und im nächsten Jahr.

Le Bourgeois Gentilhomme (1670)

Bereits im Oktober 1670 lieferte der unermüdliche Molière *Le Bourgeois Gentilhomme*, wieder eine Ballettkomödie, die hauptsächlich um des burlesken Schlusses willen geschrieben wurde, der sogenannten »Turquerie«, in der Monsieur Jourdain zum »Mamamouchi« befördert wird. Auch dieses Stück wurde erstmals im Rahmen eines Hoffestes für den König auf Schloss Chambord aufgeführt.

Von einer Handlung kann kaum gesprochen werden. Der reich gewordene Bürger Jourdain, dessen Eltern noch mit Stoffen gehandelt haben, hat den Adelstick. Er lädt Herren und Damen von Hofe in sein Haus, die es sich dort wohl sein lassen, er hält sich einen Privatlehrer fürs Tanzen, einen für die Musik, einen fürs Fechten und einen für die »Philosophie«. (In Wahrheit ist's eher ein Philologe.) Mit alldem macht er sich in den Augen seiner Frau, seiner Kinder und seiner Zofe lächerlich. Als »Mamamouchi« kann er jedoch schließlich seinen Ticks ungestraft weiter frönen, denn sie sind (in den Augen des Publikums) nicht weiter schädlich. Die »Turquerie« war durch einen Diplomatenbesuch aus Konstantinopel 1669 in

Mode gekommen; ein turkophiler Höfling, der Chevalier d'Arvieux, hatte Molière die Idee zu der grotesken Schlusszeremonie eingegeben, die den Hof ebenso amüsierte wie das Stadtpublikum.

Einige Äußerungen Jourdains sind in Frankreich stehende Redensarten geworden, so die überraschte Feststellung, dass er, ohne es zu wissen, immer schon *in Prosa* sprach, oder dass er ganz von allein auf die richtige Reihenfolge der Wörter im Satz verfallen war, wenn er seiner Verehrten ein Kompliment machen wollte und es formulierte:

> »Belle Marquise, vos beaux yeux me font mourir d'amour«
>
> (Schöne Marquise, Ihre schönen Augen lassen mich vor Liebe sterben; II,4).

Wieder müssen wir zwei Stücke aus dem unglaublich reichhaltigen Schaffen des alternden Molière übergehen: *Psyché*, ein »Maschinenstück«, das 1671 in prunkvollem Rahmen zur Karnevalseröffnung uraufgeführt wurde und zu dessen Fertigstellung Molière Pierre Corneille und Quinault heranziehen musste. (Die Musik stammte natürlich von Lully.) Auf der Bühne wimmelte es von Fluss- und Waldnymphen, Zyklopen, Amouretten und Kobolden, siebzig Tanzmeister wirkten mit, das Orchester bestand aus Geigen, Lauten, Oboen, Flöten, Trompeten und Zimbeln – und beim Finale erblickte man »dreihundert Gottheiten, die in den über dem Olymp schwebenden Wolken thronten«! Dem barocken Augenschmaus, der alle Welt gleichermaßen begeisterte, folgte drei Monate später eine Komödie im Stil der Commedia dell'arte: *Les fourberies de Scapin*, mit der Molière an seine Anfänge anknüpfte, auch wenn die Fabel zum größeren Teil von Terenz stammte. *La Comtesse d'Escarbagnas* wurde schon erwähnt: In Wirklichkeit war das nur eine neu erfundene

Titelkupfer zu *Le Bourgeois gentilhomme* in der ersten Gesamtausgabe der Werke Molières (1682)

Episode, die Molière in ein Potpourri seiner Komödien einbaute, das zur Feier der Heirat von Liselotte von der Pfalz mit dem Bruder des Königs inszeniert wurde. Das war im Dezember 1671. Im März 1672 folgte die Uraufführung der *Femmes savantes* – und dieses Stück verlangt noch einmal nach etwas mehr Kommentar.

Les Femmes savantes (1672)

Les Femmes savantes ist wieder eine fünfaktige Komödie in Versen, somit eine klassische »haute comédie«. Molière war vielleicht doch der königlichen Auftragsarbeiten überdrüssig und wollte noch einmal ein Thema behandeln, das ihm am Herzen lag, das der Frauenbildung. Bélise, die albernste der »gelehrten Frauen«, erinnert insofern an die »lächerlichen Preziösen«, als auch sie durch Romanlektüre um ihren Verstand gebracht und dem Wahn verfallen ist, alle Männer umwürben sie. Henriette, ihre Gegensprecherin, erinnert wenigstens von ferne an die Agnès der *École des Femmes*, insofern sie, wenn auch nicht so ungebildet wie diese, doch jedenfalls an Wissenschaft nicht interessiert ist, dafür aber ›ihr Herz auf dem rechten Fleck‹ hat. Molière sympathisiert offenkundig mit ihrem Standpunkt. Clitandre, ihr Liebhaber, definiert ihn so:

> »Je consens qu'une femme ait des clartés de tout;
> Mais je ne lui veux point la passion choquante
> De se rendre savante afin d'être savante«
>
> (Ich bin dafür, dass eine Frau von allen Dingen etwas weiß; / Aber ich möchte nicht, dass sie sich der schockierenden Leidenschaft / Des Wissens um des Wissens willen hingibt; V. 218–220).

Hier wird also nicht einer Verdummung das Wort geredet, sondern nur – im Hinblick auf die Frauen – die Gelehrsamkeit als Selbstzweck abgelehnt.

Wenn im Hause des wohlsituierten Bürgers Chrysale die Gelehrsamkeit ausgebrochen ist, so ist das freilich (gegenüber den *Précieuses ridicules* oder der *École des Femmes*) ein Novum. Mag es in unseren Augen die Salons der Aufklärung ankündigen, so erblickte Molière darin wieder eine Modetorheit – jedenfalls präsentiert er die Sache so. Vor allem aber nutzte er die Gelegenheit, um zwei gelehrten Pedanten eins auszuwischen, Vadius und Trissotin. Hinter Trissotin verbirgt sich der Abbé Cotin, ein auch von Boileau verspotteter Schöngeist und Vielschreiber, der immerhin Mitglied der Académie française war, hinter Vadius Ménage, ein keineswegs unbedeutender Philologe, der zugleich weltmännischen Ehrgeiz besaß. Die persönliche Satire ist unübersehbar, braucht uns aber nicht weiter zu beschäftigen. Denn es geht auch hier um Grundsätzliches. Um es noch einmal zu verdeutlichen: Molière möchte die Frauen vor dem eitlen Gelehrtentum der Männer warnen und ihnen selbst mehr Wesensbildung als Wissensbildung anempfehlen. Indem er die beiden Pedanten Trissotin und Vadius lächerlich macht und ihnen eigennützige Motive (nämlich die Einheirat in das reiche Bürgerhaus) unterstellt, hält er sich an eine alte Komödientradition. Ménage soll klug genug gewesen sein, sich von der Karikatur Molières nicht betroffen zu fühlen. Cotin hingegen musste sich getroffen fühlen, weil Molière eines seiner Sonette wortwörtlich zitiert (V. 761 f.) und wie das Gedicht des Oronte der Lächerlichkeit preisgibt. Philaminte, Chrysaldes Frau, entgeht zwar auch nicht der Lächerlichkeit, weil sie es als ›Blaustrumpf‹ übertreibt und auf die Schmeicheleien Trissotins hereinfällt, die Begründung ihrer Forderung nach einem höheren Wissensstandard für ihr Geschlecht hat Molière jedoch so formuliert, dass sie von allen Nachfahren, die die Sache der Frauen verfochten, übernommen werden könnte – sie müsste dazu nur vom Kontext gelöst werden. Philaminte sagt nämlich:

»je me sens un étrange dépit
Du tort que l'on nous fait du côté de l'esprit,
Et je veux nous venger, toutes tant que nous sommes.
De cette indigne classe où nous rangent les hommes,
De borner nos talents à des futilités,
Et nous fermer la porte aux sublimes clartés.«

(Ich bin äußerst entrüstet / Über das Unrecht, das man uns, was den Geist betrifft, antut, / Und ich will uns rächen, alle, solange wir uns / In dieser unwürdigen Klasse befinden, in der die Männer uns einstufen, / Dass unsere Gaben sich mit Nichtigkeiten befassen / Und uns die Tore zu den höheren Einsichten verschlossen bleiben sollen; V. 851–856).

Das ist eine unmissverständlich feministische Argumentation. Man kann also, wenigstens was den Ausgangspunkt angeht, Molière mangelndes Verständnis für die legitimen Ansprüche der Frauen nicht absprechen. Aber weiter sollte man nicht gehen. Molière war ein klassischer Komödienautor, kein Aufklärer und natürlich auch kein Fürsprecher der heutigen Frauenemanzipation.

Le Malade imaginaire (1673)

Bleibt noch ein Wort über Molières letzte Komödie, *Le Malade imaginaire*, zu sagen. Es war noch einmal eine Ballettkomödie und noch einmal ein Stück, das hauptsächlich um der krönenden Schlussszene, Argans burlesker Doktorpromotion willen, geschrieben wurde. Lully sollte, wie üblich, die Musik komponieren, aber es kam zu einem Streit zwischen ihm und Molière, und ein anderer Komponist, Charpentier, musste darum gebeten werden. Die Uraufführung erfolgte am 10. Februar 1673. Wieder kann von einer Handlung mit Anfang und Ende kaum gesprochen werden, wieder dreht sich alles um die Hauptperson Argan, der unter dem Wahn leidet, krank zu sein, obwohl er in Wahrheit durchaus gesund ist. Dass der schwerkranke Molière die Rolle übernahm, steht auf einem anderen Blatt. Man kann davon nicht ganz absehen, auch wenn der Tod des Autors in den Bereich der Biografie, nicht den der Werkauslegung, gehört (dazu unten mehr).

Argans wahre Krankheit ist (nach Hanns Heiß, 1929) »die Manie des Medizierens und des blinden Vertrauens auf Ärzte und Arzneien«. Er lebt in der Wahnvorstellung, man könne sich durch die Medizin und mit Hilfe der Ärzte nicht nur vor Krankheiten, sondern (uneingestandenermaßen) auch vor dem Tode retten. Insofern scheint es nicht übertrieben, im *Malade imaginaire* nicht nur Molières letzte und gründlichste Medizinkritik und Ärztesatire, sondern geradezu die Komödie der Todesfurcht zu sehen. Denn der Tod, das heißt der Gedanke an ihn oder das Spielen mit ihm wie mit dem Feuer, ist in dem Stück omnipräsent. Es geht also beim »eingebildeten Kranken« nicht nur um einen beliebigen Wahn oder eine fixe Idee, wie ihn der »Geizige« oder der »Menschenfeind« auch schon hatte, es geht um eine ungleich existentiellere Angelegenheit und um ein Thema, von dem man zunächst annehmen möchte, dass es in der Komödie nichts zu suchen hätte. So scheint es, wenn wir uns der Gattungsdefinitionen erinnern, von denen eine, die Molière zweifellos bekannt war, sogar ausdrücklich betonte, »Lebensgefahr« dürfe in der Komödie nicht vorkommen (Heinsius). Nun, mag auch eine solche hier in Wahrheit gar nicht bestehen, so kreist doch das ganze Stück um die Obsession, es gebe sie.

Ehe wir uns dem Todesthema wieder zuwenden, muss hier ein Exkurs über Molières Ärztesatire und Medizinkritik eingebracht werden. Molière handelt im *Malade imaginaire* nicht zum ersten Mal von der Medizin. Ganz im Gegenteil: In einer frühen Farce *Le médecin volant* spielt die Medizin und spielen die Ärzte schon eine große Rolle. In *L'amour médecin* von 1665 kehrt das Thema wieder, ebenso im *Dom Juan* desselben Jahres, schließlich im *Médecin malgré lui* von 1666 und in *Monsieur de Pourceaugnac* von 1669. Sechs Stücke Molières – die frühe Farce mit eingerechnet – handeln also von der Medizin und von den Ärzten. Wie ist der verhältnismäßig große Anteil ausgerechnet dieser Thematik am Gesamtwerk unseres Autors zu erklären? Vier Gründe lassen sich hierfür anführen. Zum Verständnis des *Malade imaginaire*, der letzten und umfassendsten Komödie des Typs, ist es unerlässlich, diese Gründe ins Auge zu fassen.

Zum Ersten muss erwähnt werden, dass Medizinkritik und Ärztesatire in der Geschichte der Komödie seit langem üblich waren. Sowohl die einheimische französische Farce als auch die italienische Commedia dell'arte, deren Vorliebe für gewisse komische Typen Molière teilte, haben mit Vorliebe Ärzte auf die Bühne gestellt und mit Medizinischem ihren Ulk getrieben. Meist repräsentiert der Arzt den Typ des Pedanten: er ist der oder ein Dottore, ein bornierter, vor lauter Autoritätshörigkeit weltfremd gewordener Büchermensch und unverbesserlicher Schwätzer. Die Erscheinung des Dottore allein brachte das Publikum schon zum Lachen, seine Verrichtungen erschienen den Zuschauern von Farcen oder Stegreifkomödien erst recht komisch. – So erscheint in einer italienischen Stegreifkomödie beispielsweise ein Bauer und klagt über Zahnschmerzen. Der Dottore tritt – nach langem Rufen – auf mit wallendem Mantel und breitrandigem Hut, in der Hand eine überdimensionale Zahnzange. Der Zahn wird gezogen – aber der Bauer hat seinen Mund zu früh zugemacht, er hat Zahn und Zange zugleich verschluckt. Der Dottore macht sich darauf gleich an die Operation. Dieweil zwei andere Bauern (»Zanni« heißen sie in der Komödiensprache der Commedia dell'arte) den armen Patienten festhalten, holt der Dottore die vermissten Gegenstände aus dem zu diesem Zwecke aufgeschnittenen Bauch heraus. Natürlich findet man sie erst am Ende eines meterlangen Darmes (aus Stoff oder Papier), und natürlich verwickelt sich dieser Darm zu einem grotesken Knäuel, was den Dottore nicht hindert, ihn, so wie er ist, wieder in den Bauch des Operierten hinein zu befördern. Der Operierte aber (das spricht für die Vitalität des »Zanni«) steht sogleich wieder auf, ist fidel und munter, nur hungrig und durstig. Alle machen sich schließlich ans Essen und Trinken. – Aus dem beliebig herausgegriffenen Beispiel kann man ersehen, um wie viel feiner Molières Medizin- und Ärztekomödie ist. Aber in Purgon, Diafoirus Vater und Sohn leben doch ohne Zweifel die Doktoren der Commedia dell'arte fort: der eine hat die grobschlächtige Manier, die anderen beiden haben die pedantisch-gelehrte Redseligkeit der italienischen Vorbilder übernommen. (An anderen Ärztesatiren Molières, etwa dem *Médecin malgré lui*, ließe sich das Fortleben der französischen Farcentradition deutlicher nachweisen.)

Die Ärzte des *Malade imaginaire* – dies der zweite Grund für Molières Ärztesatire und Medizinkritik – sollen jedoch keineswegs so unwahre, karikiert dargestellte Vertreter ihrer Kunst sein, wie es für uns heute den Anschein haben mag. Es ist nicht ausgeschlossen, dass Molière bestimmte Ärzte seiner Zeit und seines Landes im Auge hatte, als er die Herren Purgon, Diafoirus Vater und Diafoirus Sohn auf die Bühne stellte. In der oben besprochenen Farce *L'amour médecin* hat Molière nachweislich vier medizinische Kapazitäten seiner Zeit aufs Korn genommen. Auch entsprechen die Kuren, denen Argan sich unterziehen muss, durchaus den medizinischen Gepflogenheiten des 17. Jahrhunderts. Abführen und Zur-Ader-Lassen waren die beliebtesten, probatesten Mittel. Über das Verwendungsausmaß des ersteren Mittels fehlen uns genauere Angaben (die Kräuter hingegen, deren Argan sich bedient, sind historisch); was aber die Handhabung des zweiten Mittels, des Aderlasses, betrifft, so wissen wir, dass selbst hoch angesehene und fortschrittlich gesinnte Ärzte wie Guy Patin – der zu Molières Bekanntenkreis gehörte – dieses Mittel rigoros anwandten. Patin soll seine Frau bei einer Lungenentzündung zwölfmal zur Ader gelassen haben, seinen Sohn bei einer fiebrigen Erkrankung gar zwanzigmal; achtzigjährige Greise wurden ebenso ungescheut zur Ader gelassen wie neugeborene Säuglinge. Wenn hingegen Diafoirus junior sich noch immer einzig und allein auf die Autorität des Hippokrates beruft und wenn er eine Dissertation gegen den Blutkreislauf (vielmehr gegen die Fürsprecher des Blutkreislaufes) verfasst, so ist er hoffnungslos altmodisch. Dass Beobachtung und Erfahrung die Medizin weiter bringen als das fortwährende Studium der Alten, ist seit dem hohen 16. Jahrhundert in Frankreich grundsätzlich anerkannt; dass das Blut im Körper zirkuliert, hatte Harvey bereits in den zwanziger Jahren des 17. Jahrhunderts nachgewiesen – um die Jahrhundertmitte dürfte sich diese Erkenntnis so gut wie allgemein durchgesetzt haben. Die Ärzte des *Malade imaginaire* sind somit nicht nur grotesk und pedantisch, sie hinken auch hinter ihrer Zeit her.

Molière selbst aber – das ist der dritte Grund, der hier nun erwähnt werden muss – hatte am eigenen Leibe erfahren, was es hieß, Ärzten in die Hände zu fallen. Er war ja seit geraumer Zeit krank. Es besteht kein Grund, an der persönlichen Motivation unseres Stückes zu zweifeln. Wer wie Molière lange Zeit krank gewesen ist und die Ergebnislosigkeit aller ärztlichen Bemühungen an sich selbst erfahren hat, für den liegt nichts näher, als die Ohnmacht der Ärzte anzuprangern. *Le malade imaginaire* wäre ohne die keineswegs eingebildete, sondern todernste Krankheit des Autors wohl nicht zustande gekommen. Dafür spricht die Tatsache, dass Molière in diesem Stück zum ersten Mal nicht nur eine Ärztesatire schreibt, wie er es – komödientraditionell – in den früheren Stücken der Art getan hatte, sondern dass er zugleich eine grundsätzliche und allgemeine Medizinkritik ausspricht. »Vous ne croyez donc point à la médecine?«, lässt er Argan seinen Bruder Béralde fragen (III,3). Und dieser antwortet mit wünschenswerter Deutlichkeit: Nein! Damit ist nicht gleich ausgemacht, dass Molière derselben Meinung sei. Man sollte nicht, auch in diesem Stück nicht, zu rasch von der Meinung des »Raisonneurs« (das ist Béralde) auf die des Autors schließen. Denn so unsinnig der eingebildete Kranke sich in praxi verhält – was er sagt, ist so unsinnig nicht. Argan beruft sich auf den allgemeinen Usus: Jedermann ruft, wenn er krank ist, einen Arzt. Béralde hingegen stemmt sich gegen diesen Brauch – und damit stempelt er sich zum Einzelgänger; Molière aber pflegte das Einzelgängertum eher abzulehnen. Und Argan äußert schließlich einen durchaus vernünftigen Gedanken, wenn er sagt, die Medizin könne doch mit gewissen Mitteln der Natur wenigstens zu Hilfe kommen. Wir wissen, dass Molière – mag er auch von den Ärzten sonst nicht viel gehalten haben – sich doch auf ärztlichen Rat hin längere Zeit einer strengen Diät unterzogen, keinen Wein, sondern nur noch Milch (zum Beispiel) getrunken hat. So gescheit auch hier wieder die Gegenargumente Béraldes klingen, der sich in dieser Szene als ein demaskierender Moralist erweist, Béralde widerspricht sich dann doch selbst, wenn er seine Argumentation gegen die Medizin auf Wahrheit und Erfahrung (»vérité« und »expérience«) stützt – denn das sind eben die Kriterien, an die die fortschrittlicheren Ärzte der Zeit sich halten.

Man hat schließlich auf Molières geistige Ahnen, auf das Freidenkertum und auf Montaigne hingewiesen, um seine

Der Ledersessel des *Malade imaginaire*, in dessen Rolle Molière während der vierten Aufführung des Stücks einen Blutsturz erlitt; zwei Stunden später starb er. Der Sessel wird noch heute in der Comédie-Française aufbewahrt

Gedanken über Krankheit und Gesundheit, Natur und Medizin, Patienten und Ärzte zu begründen. »Ein Arzt bringt seinen Kranken ungestraft um, denn die Erde bedeckt die Fehler, deren er sich schuldig gemacht hat – ohne dass man ihn dafür haftbar machen könnte«: Der Satz stammt von Montaigne. Molière hat ihn aufgegriffen. Und Montaigne war einer der eindringlichsten Fürsprecher für die Macht der Natur im Gegensatz zur Ohnmacht aller menschlichen Kunst. Molière hat sich sicherlich dieses Denken zu eigen gemacht: Die geistige Herkunft unseres Autors von Montaigne und seine Bekanntschaft mit gewissen »Libertins«, freidenkenden Geistern der Zeit, kann daher als ein weiterer (unser vierter) Grund für Molières Ärztesatire und Medizinkritik aufgefasst werden – auch wenn wir Béraldes Gedanken, aus denen diese geistige Herkunft besonders deutlich abzulesen ist, nicht unbedenklich für diejenigen Molières ansehen dürfen.

Molières Tod unmittelbar nach der vierten Aufführung des *Malade imaginaire*, sagten wir, habe keinen Platz in der Werkauslegung, er gehöre zu seiner Biografie. Nun spielte aber Molière den »eingebildeten Kranken«, der von der Todesfurcht besessen war, und er war ein todkranker Mann! Es fällt schwer, das biografische Faktum vom Werk gänzlich wegzudenken. Bedeutet es nicht, dass Molière, mit Goethe zu reden, den Tod nicht »statuieren« wollte, dass er – aus welchem Grunde auch immer – wegsehen wollte von ihm und mehr als das: dass er es kritikabel oder sogar lächerlich fand, wenn einer (wie Argan) den Blick von Krankheit und Tod nicht abwenden konnte. Wie stand Molière zum Tod?

Die Frage ist nicht zu beantworten, denn im Gegensatz etwa zu Montaigne, den Molière gut kannte, gibt es keine Überlegungen Molières über den Tod oder das Sterben. Dass seine Philosophie eher dem Epikuräertum als der Stoa zuneigte, kann man zwar sagen, aber mehr auch nicht. Wahrscheinlich hielt er von der stoischen Todesverachtung so wenig wie sein Zeitgenosse La Rochefoucauld, und wahrscheinlich hat er wie dieser gemeint, es sei vernünftig, unter diesem oder jenem Vorwand dem Tod »nicht ins Antlitz zu schauen«. Er tat als Schauspieler seine Pflicht, er ging in seinem Beruf auf, wie er es immer getan hatte und überließ das Ende (wie Montaigne) der Natur …

Also: Dies sind nicht die Gedanken, die an dieser Stelle weiter zu denken sind. Es ist eher zu fragen, was denn der Tod in der Komödie zu suchen habe. Ist sein Platz nicht die Tragödie? Gewiss ist er das. Aber eine gründlichere Kenntnis der Komödie erlaubt nicht zu sagen, vom Tod und vom Sterben sei in der Gattung der Lebenswirklichkeit, des Lebensgenusses und der Alltagswelt nicht die Rede. Die Geschichte der Gattung spricht eine andere Sprache. Schon in der antiken Komödie kommt der Tod vor, nicht als Tatsache freilich, sondern nur als Glaube oder Vermutung. So etwa (um nur ein Beispiel zu nennen) in Plautus' »Geisterkomödie«, der *Mostellaria*. Da erzählt der Sklave Tranio dem heimkehrenden Herrn, in seinem Haus gingen die Geister um, wer an die Tür klopfe, sei des Todes – und der Alte glaubt es. In höchst pathetischen Tönen spricht er von der Todesfurcht, die ihn ergriffen hat, während in Wahrheit nur sein Sohn und seine Kumpane Allotria in dem Haus treiben, an dessen Tür der Besitzer nicht klopfen soll. Es ist eine List, die der Diener erfunden hat, der ganz richtig spekuliert hat. Der Zuschauer lacht, aber die Todesfurcht (nicht der Tod) des alten Mannes ist echt. Und so ist das immer wieder, nicht zuletzt in der italienischen Renaissancekomödie und zumal deren populärer Form, der Commedia dell'Arte, für die Molière, wie wir wissen, eine besondere Vorliebe hatte. Es ist gar nicht zu sagen, wie oft da Todeslisten ausgeheckt werden, wie oft diese Todesängste auslösen, und wie wenig das dem Nicht-Ernstnehmen der Komödie schadet. Das krasseste Beispiel bietet die *Calandria* des Kardinals Bibbiena, eine der erfolgreichsten italienischen Renaissancekomödien: Da hat der Diener das Thema fest im Griff, und er lässt seinen Herrn, den dummen Calandro, mit immer neuen Schreckensnachrichten vor Todesfurcht bangen und beben – natürlich, um sich darüber lustig zu machen und seine Zwecke zu erreichen. Der Hinweis mag genügen, allenfalls an Harlekins vergeblichen Versuch, sich zu Tode zu lachen (in einer der vielen »Szenarien« der Commedia dell'Arte) sei noch erinnert. Er nennt das eine »harlekinische Art« des Sterbens – und sterben will er aus Liebeskummer.

Molière bringt gleich schon in seiner ersten, nach italienischem Muster gestalteten Komödie, *L'Étourdi*, den Tod, als List des Mascarille ins Spiel, wenn dieser seinem Herrn zu dem Geld verhelfen will, das er dringend benötigt, indem er zu dem Zwecke behauptet, dessen Vater sei gestorben und müsse beerdigt werden: Das Geld soll der Freund des Vaters herausrücken, der die Sache glaubt ... Eine große Rolle spielt dabei die Schilderung von Lélies Trauer, die in der Behauptung gipfelt, er wolle am liebsten seinem Vater in die Grube nachfolgen: »[Il] veut accompagner son papa dans la fosse«. Die Flapsigkeit der Wendung genügt, um die Zuschauer, die natürlich wissen, dass alles nur ›erfunden‹ ist, zum Lachen zu bringen. Aber Anselme, der Freund des Totgesagten, glaubt an den Tod – und das sogar dann noch, als dieser höchst lebendig auf der Bühne erscheint: Er hält ihn für einen Geist. Das »funèbre stratagème« tadelt der Herausgeber dieser Komödie Eugène Despois: Er meint, solche grotesk-unheimlichen Szenen bringe Molière später nicht mehr auf die Bühne. Irrtum! In *Dépit amoureux* (1656) begegnen wir der ›Todeskomik‹ gleich wieder. Da ist es Mascarille (den Molière spielte) selbst, der sterben will, sich dann aber doch scheut, den Suizid zu begehen, nicht zuletzt deswegen, sagt er, weil man doch nur einmal sterbe – und das für so lange Zeit:

»On ne meurt qu'une fois, et c'est pour si longtemps!« (Man stirbt nur einmal, und das für so lange Zeit!; V. 1571).

Ein Todeswitz! In der *École des Femmes* stürzt Horace, als er zu Agnès ins Zimmer hinaufklettern will, bekanntlich von der Leiter – und er stellt sich tot, um den Verfolgungen zu entgehen. Wieder kommentiert ein Diener das mit einem makabren Witzwort: Agnès und die Leiche, sagt er, seien zusammen weggegangen:

»Agnès et le corps mort s'en sont allés ensemble.« (Agnès und der tote Körper sind zusammen weggegangen; V. 1613).

Und dann kommt der *George Dandin*, in dem die kokette Angélique dem ängstlichen Ehemann vortäuscht, sie habe sich selbst entleibt: er glaubt's, eilt hinzu – und schon sind die Frau und die Zofe im Haus, wie sie es beabsichtigt hatten … Das Ende der Komödie ist für Dandin so traurig, dass er sagt, er wolle sich ertränken, »la tête la première« (III,8). Was für ein Komödienende!

Der Geizige aber will sterben, als man ihm seine Kassette gestohlen hat. Wenn irgend, grenzt der Verzweiflungsmonolog des Harpagon ans Unheimliche – aber das Publikum lacht, oder lachte doch, wie überliefert ist, damals. (Uns will das Lachen dabei vergehen.)

Und so weiter, bis zu den *Fourberies de Scapin*, wo Scapin im furiosen Schluss der Komödie mit bandagiertem Kopf auf der Bühne erscheint und den Todkranken mimt, um nicht verdroschen zu werden. Dann setzt man sich zu Tisch, und Scapin sagt:

»Et moi, qu'on me porte au bout de la table, en attendant que je meure.« (Und mich setze man ans Ende des Tisches, bis ich dann sterbe; III,12).

Die Todesfurcht des »eingebildeten Kranken« (der in Wirklichkeit ganz gesund ist) ist also gut vorbereitet: Sie stellt in Molières Komödienschaffen kein Novum dar, aber sie durchzieht nun das ganze Stück, gleich ob Argan meint, man lasse ihn sterben, bloß weil er vergeblich nach der Zofe geklingelt hat, ob sich sein Töchterchen tot stellt (und Argan es glaubt), oder ob es die scheinheilige Ehefrau ist, die als die Erbschleicherin ertappt werden soll, die sie ist, indem Argan sich tot stellt. Ein bisschen unheimlich ist ihm das: »N'y a-t-il point quelque danger à contrefaire le mort?« (III,11), fragt er und bekundet damit die obsessive Angst vor dem Sterben, die ihn beseelt.

Es genügt also nicht zu sagen, in der Komödie dürfe nicht gestorben werden, weil ihr Element das des Lebens sei, und in ihr seien nur harmlose Gefährdungen erlaubt, wenn das Komödienklima nicht zerstört werden soll. Nein, es wird, im Gegenteil, massenhaft gestorben in der Komödie, und gerade auch bei Molière – nur dürfen nicht alle, sondern nur Einzelne daran glauben: Alle anderen müssen wissen, es ist nicht wahr, es geht nur um eine List oder einen makabren Scherz. Den ›vermeintlichen Tod‹, den ›geglaubten Tod‹ gibt es also sehr wohl in der Gattung – und dieser trägt erstaunlicherweise zur Komik bei. Erstaunlicherweise? Man denke nur an amerikanische Komödien wie *Arsen und Spitzenhäubchen* oder Filme wie *Adel verpflichtet*, und man wundert sich nicht mehr über das Gesagte. Vielmehr ist es so: Je größer die Gefahr zu sein scheint, die eben nur Schein und nicht Wirklichkeit ist, desto größer ist auch die Erleichterung, die man als Zuschauer dabei empfindet, oder die Schadenfreude, und das ist bekanntlich ›die reinste Freude‹. Molière wusste das vielleicht noch besser als alle seine Kollegen vom Fach. Es muss ihn gereizt haben, mit dem Feuer zu spielen, das der Tod, vielmehr: die Rede vom Tod in der Komödie bedeutet – und deswegen kommt er bzw. sie in seinen Komödien so oft vor. Von diesem Thema her gesehen, ist *Le Malade imaginaire* ein Höhepunkt seines Komödienschaffens. Die Krönung der Karriere eines Scheinkranken, hat man gesagt, sei der Scheintod. Nicht der wirkliche, das versteht sich.

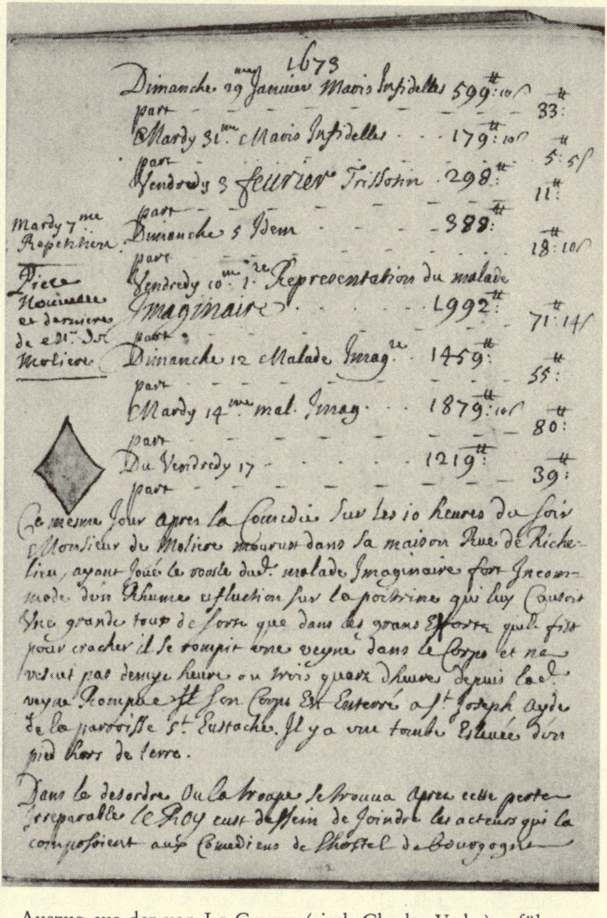

1673

Mardy 7me Repetition

Piece nouvelle et derniere de Mr. de Moliere

Dimanche 29 Janvier Maris Infidelles	599# 10s	par	33#
Mardy 31me Maris Infidelles	179# 10s	par	5# 5s
Vendredy 3 feuvrier Trissotin	298#	par	11#
Dimanche 5 Idem	388#	par	18# 10s
Vendredy 10me 1re Representation du malade Imaginaire	1992#	par	71# 14s
Dimanche 12 Malade Imagre	1459#	par	55#
Mardy 14me mal. Imag.	1879# 10s	par	80#
Du Vendredy 17	1219#	par	39#

Ce mesme jour apres la Comedie sur les 10 heures du soir Monsieur de Moliere mourust dans sa maison Rue de Richelieu, ayant joué le rosle dud. malade Imaginaire fort Incommodé d'un Rhume et fluction sur la poitrine qui luy causoit une grande toux de sorte que dans les grans Efforts quil fist pour cracher il se rompit une veyne dans le corps et ne vescut pas demye heure ou trois quartz d'heure depuis lad. veyne rompue et son corps est enterré a St Joseph ayde de la parroisse St Eustache. Il y a une tombe Eslevée d'un pied hors de terre.

Dans le desordre ou la troupe se trouva apres cette perte irreparable le Roy eust dessein de joindre les acteurs qui la composoient aux Comediens de l'hostel de Bourgogne

Auszug aus der von La Grange (eigtl. Charles Varlet) geführten Chronik von Molières Theatertruppe, in der unter dem Datum des 17. Februar 1673, 10 Uhr abends, Molières Tod verzeichnet ist

V

Deutsche Molière-Übersetzungen und -Bearbeitungen

»After Weigel«

Die »Geschichte des deutschen Molière« ist noch nicht geschrieben. Obwohl mit der Übersetzung von Wolf Graf Baudissin, einem Zeitgenossen und Mitarbeiter der Schlegel-Tieckschen Shakespeareübersetzung, ein deutscher Molière vorgelegt worden ist, der fast so häufig wieder aufgelegt wurde wie der deutsche Shakespeare, besteht kein Zweifel daran, dass die Rezeption des meistgespielten französischen Theaterklassikers in Deutschland mit derjenigen des großen Elisabethaners nicht zu vergleichen ist. Der *Bibliographie deutscher Übersetzungen und Bearbeitungen der Komödien Molières* von Thomas Keck (1996) ist zu entnehmen, dass die Baudissinsche Übersetzung, die erstmals vierbändig 1865–67 erschien, ganz oder teilweise, dreiunddreißig Mal wieder aufgelegt worden ist, das letzte Mal 1989.[1] Das lässt sich sehen. Nicht einmal der 1892 erstmals gedruckte Molière von Ludwig Fulda (letzte Neuauflage nach vierzehn Zwischeneditionen 1949) kann daneben bestehen. Und doch stellt weder Graf Baudissin, noch Ludwig Fulda, noch sonst einer der älteren deutschen Molière-Übersetzer den Gipfel der deutschen Übersetzungsgeschichte dieses Autors dar, sondern – so kann man wahrscheinlich sagen – Hans Weigel, dessen Molière-Übersetzung 1964 zu erscheinen begann und, nach deren Verbreitung in Einzelbänden, 1982–88 unter dem Titel *Komödien und Materialien* bei Diogenes in Zürich vollständig in acht Bänden herauskam. Ich habe das Erschei-

1 Im Verlag Neues Leben, Berlin (DDR); westdeutsche Lizenzausgabe: Stuttgart 1991.

nen dieser Übersetzung in einem Aufsatz »Nicht Pantoffel, nicht Kothurn« (1968)[2] zu würdigen versucht und wollte mit meinem Titel andeuten, dass Weigel weder ins Alltägliche oder gar Saloppe abgleitet, noch so feierlich daherkommt wie zuletzt der Bremer Humanist Rudolf Alexander Schröder, der mit seinen Übersetzungen einiger Komödien Molières den bis dahin höchsten Rang unter Deutschlands Molière-Übersetzern einzunehmen schien.

Wäre demnach die Geschichte des deutschen Molière als ein Aufstieg zu Weigel anzusehen, so stellt sich nun, anfangs des 21. Jahrhunderts, die Frage, ob die Übersetzungen, die danach erschienen sind, nicht als ein Abstieg zu betrachten sind. Daher der Titel dieses Abschnitts, mit dem ich auf George Steiners *After Babel*[3] anspiele. Um es vorwegzunehmen: Ich glaube nicht – so sehr ich Weigel schätze –, dass man die Dinge so sehen kann oder muss. Was dem Beobachter und Liebhaber Molières heute in Deutschland vor Augen steht, sieht sehr unterschiedlich aus. Die Rezeption Molières scheint, wie so vieles andere, dem Gesetz des Pluralismus zu unterliegen. Das heißt, dass es neben einer Anzahl philologisch-exakter, aber künstlerisch-anspruchsloser, eng an das Original angelehnter Übersetzungen, die nur als »Verständnishilfen« dienen sollen und für szenische Aufführungen nicht in Frage kommen, doch auch wieder künstlerisch-ehrgeizige, auf die Formwiedergabe ebenso wie auf die Wiedergabe des Inhalts ausgerichtete Übersetzungen gibt. Zu diesen zählen die Übersetzungen von Simon Werle, ein *Tartuffe* von 1989, ein *Menschenfeind* von 1993, ein *Geiziger* von 1993, ein *Don Juan* von 1994 und eine *Schule der Männer* von 1995.[4] Meist reimt Werle, wenn auch nicht paarweise,

2 In: *Maske und Kothurn*, H. 14 (1968).

3 G. Steiner, *After Babel: aspects of language and translation*, London 1975; dt. *Nach Babel: Aspekte der Sprache und der Übersetzung*, Frankfurt a. M. 1981; Neuausg. Frankfurt a. M. 2004.

4 Sämtliche Übersetzungen sind im Verlag der Autoren, Frankfurt a. M., erschienen.

und meist variiert er die Versfüße: Er bietet also eine gelockerte Form, die dennoch als solche deutlich zu erkennen ist. Und dazu zählen, denke ich, auch die Übersetzungen des *Menschenfeinds* und die des *Tartuffe* von Monika Fahrenbach-Wachendorff (1993 und 1989). Sie sind in Blankversen gehalten, also in ungereimten, fünffüßigen Jamben, wie sie Schiller in seiner Übersetzung von Racines *Phädra* verwendet hat. Erwähnt werden soll auch die in Reim und Metrum originalgetreue, gut les- und auf der Bühne sprechbare Übersetzung der *Femmes savantes* von Rainer Kohlmayer (2004).

Ich begnüge mich mit der Nennung dieser herausragenden Neu-Übersetzungen, eine Liste aller heute auf dem Markt befindlichen deutschen Molière-Übersetzungen würde Seiten füllen und nur der Information, nicht der Erkenntnis dienen. Doch ich verweise noch einmal mit Nachdruck auf Thomas Kecks Bibliographie, die von den ersten bis zu den bis dato letzten deutschen Molière-Übersetzungen reicht, die übersetzten Werke einzeln aufzählt und auch noch kurze Charakterisierungen der Übersetzer enthält: ein unschätzbares Arbeitsinstrument!

Die neuzeitliche Geschichte der literarischen Übersetzung beginnt, wenn man sie gesamteuropäisch sieht, mit Wiedergaben, die mehr dem jeweils vorherrschenden Publikumsgeschmack oder den literarischen Gepflogenheiten der Empfängerländer als den Originalen verpflichtet waren. Seit dem 17. Jahrhundert, mit dem Frankreichs europäische Kulturhegemonie beginnt, pflegen auch die deutschen Übersetzer so zu übersetzen wie die französischen. Das mit dem Bonmot »Belles Infidèles« gekennzeichnete Ideal setzt sich überall durch und dürfte auch die deutschen Molière-Übersetzer geleitet haben. Dafür spricht schon in der ersten anonymen Molière-Übersetzung von 1670, wie die französischen Eigennamen teils eingedeutscht, teils so gefasst erscheinen, dass man die ursprünglichen Namen nur noch erahnen kann. So verwandelt der Anonymus um 1620 Monsieur Jourdain in »Schurdein« und nennt die Comtesse d'Escarbagnas »Gräfin von Carfunckelstein« (Keck, S. 37). Selbst wenn, der damaligen Sprachsituation entsprechend, diese Übersetzung von Gallizismen durchsetzt war, war sie noch immer eine »Eindeutschung«. Zwar rühmt sich der fruchtbarste deutsche Molière-Übersetzer des 18. Jahrhunderts, Friedrich Samuel Bierling (der 1742 einen vierbändigen Molière herausgab) vor allem der größeren Exaktheit seiner Wiedergabe, aber auch hier spricht die deutsche Namengebung eher für eine »Schöne Ungetreue« als für das Gegenteil. Auch hier heißt Anselme »Anshelm« und Monsieur de Sotenville »Herr von Narrenstedt«, Mascarille gar »Fabelhans« (Keck, S. 58). Bierling übersetzte alle Verskomödien Molières in Prosa. Sein Nachfolger, Heinrich Zschokke, übersetzte einige der Verskomödien in Blankverse, andere ebenfalls in Prosa. Erst im 19. Jahrhundert wird es, wenn ich recht sehe, üblich, Molières Komödien in der Übersetzung auch formal zu entsprechen, also Verskomödien in Verse, Prosakomödien in Prosa zu übersetzen. So hält es auch Hans Weigel noch. Er ist insofern kein übersetzerischer Neuerer. Aber seine ›deutschen Alexandriner‹ sind, wenn der Schauspieler entsprechend geschult ist, besser sprechbar, und seine Reime sind unkonventioneller und witziger als die früheren.

So einleuchtend die Formentsprechung sein mag, es führt kein Weg daran vorbei: Wer reimt, fügt hinzu. Es ist im Deutschen schlechterdings unmöglich, nicht mehr oder minder ›redundant‹ zu werden, wenn man so reimt, wie es im französischen Alexandriner üblich ist. Ich sehe davon ab, dass gewisse Reime einfach deswegen, weil sie ein Wort mit gleich-klingender Endsilbe nach sich ziehen, zwangsläufig auch den Sinn beeinträchtigen. Wie oft sagt man sich doch bei gereimten Dichtungen, da werde etwas gesagt, was dem sprachlichen Zwang stärker verpflichtet sei als der eigentlich gemeinten Sache. Molière, das ist wahr, scheint, den Reimen zum Trotz, allemal genau das zu äußern, was er will und was die Situation erfordert: »Man merkt kaum, dass er reimt«. Aber den Übersetzer überfordert der Reimzwang fast immer – so reizvoll es zweifellos ist zu reimen. Vielleicht kann an dieser Stelle schon ein Textbeispiel der Veranschaulichung dienen. Ich wähle die Rede des Arnolphe aus der *École des Femmes* (III,2), in der dieser seinem »Mündel«, der jungen, naiven Agnès, erklärt, wie dankbar sie sein müsse, dass er sie zu heiraten vorhabe, und welche Pflichten mit dem Ehestand verbunden seien. Streng, autoritär, belehrend und herablassend, spricht der alte Mann zu dem Mädchen:

»Agnès, pour m'écouter, laissez là votre ouvrage.
Levez un peu la tête et tournez le visage:
Là, regardez-moi là durant cet entretien,
Et jusqu'au moindre mot imprimez-le-vous bien.
Je vous épouse, Agnès; et cent fois la journée
Vous devez bénir l'heur de votre destinée,
Contempler la bassesse où vous avez été,
Et dans le même temps admirer ma bonté,
Qui de ce vil état de pauvre villageoise
Vous fait monter au rang d'honorable bourgeoise
Et jouir de la couche et des embrassements
D'un homme qui fuyait tous ces engagements,
Et dont à vingt partis, fort capables de plaire,
Le cœur a refusé l'honneur qu'il vous veut faire.«
(V. 675–688)

Weigel bringt das Kunststück fertig, nicht mehr Verse zu brauchen als Molière, nämlich vierzehn. Seine ›deutschen Alexandriner‹ zählen, genau wie die französischen, zwölf Silben bei männlichem, dreizehn bei weiblichem Reim (die dreizehnte Silbe bildet im Französischen das sogenannte »stumme e«). Nur an das Gesetz der alternierenden Reimpaare – mal männlich, mal weiblich – hält sich der Übersetzer nicht. Hier sein Text:

»Und du, Agnès, laß jetzt die Handarbeit in Ruh
Und heb schön deinen Kopf und wende dich mir zu;
Beachte Wort für Wort, was ich dir nun erklär',
Und schau mich dabei an, hierher schau, ja: hierher.
Du wirst jetzt meine Frau und schuldest wohl darob
Dem Schicksal heißen Dank, und hundertfaches Lob
Dem Manne, der dich nicht ganz kühl zur Seite schob,
Der aus der Tiefe dich in solche Höhen hob,
Dem armen kleinen Ding aus einem Elendsnest
Den Rang der Bürgerin jetzt zuerkennen läßt,
Mit ihr – was er bisher so mancher schon verwehrt –
Sein Lager künftig teilt und sie durch Küsse ehrt …
Der Mann, den keine noch sich als Gemahl gewann,
Weil er sich stets besann, zieht dich zu sich hinan.«

Diese Verse lassen sich nicht nur gut lesen, sie gehen, wie die Theaterleute sagen, »glatt über die Rampe« und sie amüsieren nicht zuletzt dadurch, dass da Ausdrücke gereimt werden, die vermutlich noch nie gereimt worden sind. So etwa das »Elendsnest«, das Weigel aus Molières »pauvre villageoise« gemacht hat, und das er einfach und doch witzig auf »läßt« reimt. Bestechend ist im Übrigen hier, wie immer bei dem Wiener Meisterübersetzer, die Lebhaftigkeit der Sprache, die zum Beispiel in dem wiederholten »schau … hierher schau, ja: hierher« über die ähnlich repetitiv gefasste Vorlage, das »Là … là« Molières, noch hinausgeht. Das ist kein papierenes, kein Buchdeutsch, es ist eine für den Vortrag auf der Bühne, der mit entsprechenden Gesten begleitet wird, geformte Rede. Sie nähert sich der Sprechsprache an, bleibt aber eben doch eine Kunstsprache, die grundsätzlich derjenigen der Vorlage entspricht. Nur ausnahmsweise (um auf das Problem der ›Füllsel‹ zurückzukommen) flicht der Übersetzer etwas in seinen Text, das entweder dem Reim oder der Silbenzahl gehorcht, an die die Übersetzung sich bindet. So wirkt das »nicht ganz kühl« im siebten Vers unseres Zitats etwas befremdlich. Vielleicht schob Weigel die Wendung ein, um auf die zwölf Silben eines Alexandriners zu kommen? Und dann mag man, zumindest beim zweiten Lesen, auch über die Reimfolge »darob/Lob«, »schob/hob« stolpern: Wer spickte je seine Rede mit solchen Gleichklängen? Kann man aus Weigels Molière-Übersetzung lernen, wie ›frei‹ man übersetzen muss, um das jeweils Gemeinte von der fremden in die eigene Sprache zu übertragen, wie man nur durch solche ›Freiheit‹ eine Übersetzung davor bewahrt, toter Buchstabe zu bleiben, so kann eben diese Überlegung einen dazu bringen sich zu fragen, warum denn überhaupt zu reimen notwendig sei. Tatsächlich legt die Prosanähe von Weigels Reimen den ketzerischen Gedanken nahe, auf diesen ›Zopf‹ zu verzichten.

Einen Schritt in dieser Richtung tut man, wenn man die vom Englischen ins Deutsche (und besonders von Shakespeare) übernommenen Blankverse, also ungereimte fünffüßige Jamben verwendet, wie Monika Fahrenbach-Wachendorff das tut[5]. Ich gebe gleich ihre Fassung unserer Stelle wieder. Sie lautet so:

»Agnès, jetzt lassen Sie die Arbeit ruhn,
Schauen Sie auf und hören Sie mir zu,
Sehn Sie mich an, Agnès, dieweil ich rede,
Und prägen sich Wort für Wort gut ein.
Ich nehme Sie zur Frau, und darum müssen
Sie Tag für Tag Ihr gütiges Schicksal preisen,
Sie müssen Ihre Herkunft recht bedenken
Und voll Bewundrung meine Güte sehn,
Mit der ich das gemeine Bauernmädchen
Zur ehrenwerten Bürgerin erhebe;

5 Molière, *Die Schule der Frauen*, Übers. aus dem Franz. von Monika Fahrenbach-Wachendorff, Stuttgart 2001 (Reclams Universal-Bibliothek, 588).

Auch sollen Sie sich der Umarmung freuen
Des Mannes, der noch jede Bindung scheute,
Und dessen Herz den lockendsten Partien
Die Ehre abschlug, die es Ihnen schenkt.«

Merkt man zu Anfang dieses Zitates die Kunstform fast nicht, was an einem der deutschen Sprache inhärenten Zug zum jambischen Rhythmus liegen mag – man kann diesen Text fast wie Prosa lesen! –, so hebt die Übersetzerin gegen Ende den Ton und lässt in Wendungen wie »sich der Umarmung freuen« den Ausgangstext durchklingen. Da siegt die Gewissenhaftigkeit über die Natürlichkeit: Frau Fahrenbach will Molière übersetzen, nicht etwa nur den alten Arnolphe so sprechen lassen, wie er wirklich gesprochen haben mag! Im Übrigen hat die Übersetzung den Vorzug, knapp zu sein: Da gibt es keine ›Redundanzen‹, aber sie wirkt doch nicht ganz so lebhaft wie Weigels Fassung. Es ist ein »anderer Versuch« Molière zu übersetzen – und keineswegs ein misslungener.

Aber er legt erst recht den nächsten Schritt nahe, Molière, auch wenn er Verse schreibt, in eine deutsche Prosa zu übersetzen, die ja nicht holprig sein muss, sondern durchaus ›gepflegt‹ sein kann. Zumal ja einige der Komödien Molières, und zwar nicht nur die schwankartigen Farcen, sondern auch anspruchsvolle »Charakterkomödien« wie *Dom Juan* oder *L'Avare*, in Prosa geschrieben sind, kann das nicht verboten sein. Grundsätzlich haben offenbar schon im 18. Jahrhundert deutsche Übersetzer so gedacht. Es handelt sich freilich um eine Grundsatzentscheidung, an der die Geister sich scheiden dürften. Vielleicht ist es nicht eine ›Weltanschauungsfrage‹, wohl aber eine Frage, deren Entscheidung vom ›Bildungsstand‹ der Leser oder Theaterbesucher abhängt. Ein Blick auf die allgemeine Situation der Literatur heute mag den Verzicht auf gereimte Wiedergaben immerhin nahe legen, denn es besteht ja kein Zweifel, dass der Reim generell im Schwinden ist. Das Vordringen des Romans, der Prosagattung par excellence, mag hier eine Rolle mitspielen. Selbst in der Lyrik haben Reime heute schon fast Seltenheitswert: Sie wirken beinahe ›exotisch‹, lassen den Leser – vielleicht bewundernd – aufmerken und den gleichsam sportlichen Ehrgeiz des Dichters bestaunen. (Ich habe vor Jahren schon versucht, die *Schule der Frauen* in eine moderne, flüssige, sprechbare Prosa zu übersetzen und weiß, wovon ich spreche.) Vielleicht darf man tatsächlich die Prognose wagen, dass die Zukunft unserer Molière-Übersetzung ›prosaisch‹ sein wird. Das muss nicht zum Nachteil Molières ausfallen.

Einfügen möchte ich an dieser Stelle, dass die Beibehaltung fremdsprachlicher Eigennamen, wie man sie bei fast allen neueren Übersetzern findet, uns keine Schwierigkeiten mehr macht, so unlogisch es eigentlich ist, wenn Personen, die »Philinte« oder »Alceste« heißen, deutsch sprechen. Das Fernsehen mag uns auch an diesen ›Kosmopolitismus‹ gewöhnt haben. Ich habe Alceste und Philinte genannt, weil ich nun noch einen Blick auf die Übersetzung des *Misanthrope* werfen möchte. Ich wähle den Passus, wo Alceste sich gegen den Konformismus wehrt, den sein Freund Philinte ihm anempfiehlt:

»Non, non, il n'est point d'âme un peu bien située
Qui veuille d'une estime ainsi prostituée;
Et la plus glorieuse a des régals peu chers,
Dès qu'on voit qu'on nous mêle avec tout l'univers«
(V. 53–56).

So spricht Alceste in der ersten Szene des *Misanthrope* zu Philinte. Was er sagt ist, vor allem im ersten und dritten Vers, nicht gerade leicht verständlich, daher auch schwer zu übersetzen. Rudolf Alexander Schröder gibt es so wieder:

»Nein, wer ein wenig nur auf Wohlstand hält und
Ehren,
Des Herz wird nimmermehr solch schnöden Ruhm
begehren.
Der schalsten Eitelkeit bedünkt das Lob zu feil,
Von dem sie wissen muß, daß sie's mit jedem teil.«

So liest man's in der 1949 erschienenen Version,[6] die als repräsentativ gelten kann für den gepflegten Stil dieses renommierten Übersetzers. Schon »Wohlstand« dürfte ein Archaismus sein, den nicht jeder versteht (für Anstand, Ansehen). Dann aber »des Herz«, und »schalste Eitelkeit« und »bedünkt«! Wer wollte so etwas heute noch auf der Bühne sprechen? Es ist evident: Diese Übersetzung »geht nicht mehr über die Rampe«. Wohl aber diejenige von Weigel, die so lautet:

»Nein, nein, nur eine Seele, die Niedrigkeiten blenden,
Läßt sich in eurer Welt durch feile Ehren schänden.
Die wahre Größe kann doch nicht darin bestehen,
Daß alle mich mit allen in einer Reihe sehen.«

Auch hier besticht diese Übersetzung durch die energische Hervorhebung des Gemeinten, die dem Schauspieler sein Geschäft erleichtert. Inhaltlich mag man, wie auch sonst bei Weigel, das eine oder andere auszusetzen haben: so die »wahre Größe«, von der Alceste keineswegs spricht. Doch das Distinktionsbedürfnis, das ihn nicht weniger kennzeichnet als sein Hass auf die Menschen, kommt glänzend heraus! Weigel ist immer noch ›in‹, auch wenn gewisse ›Austriazismen‹ norddeutschen Hörern oder Lesern Schwierigkeiten machen mögen. Ich gehe zu Simon Werle über, der unseren Passus so wiedergibt:

»Nein, nein, kein Herz, das etwas auf sich hält,
will den Respekt, der wohlfeil ist für alle Welt,

6 Beim Fischer Verlag in Frankfurt a. M. erschienen.

und selbst dem Eitelsten steigt kaum ein Lob zu Kopf,
wirfts ihn doch nur mit aller Welt in einen Topf.«

Was für freche Reime! Und was für eine Sprachgewandtheit! Mit ihr übertrifft Werle Weigel noch. Die folgende Stelle – ebenfalls aus dem *Misanthrope* (I,1) – macht das womöglich noch deutlicher. Ich zitiere auch hier wieder zuerst Molière, dann Weigel, dann Werle:

»Non, je ne puis souffrir cette lâche méthode
Qu'affectent la plupart de vos gens à la mode;
Et je ne hais rien tant que les contorsions
De tous ces grands faiseurs de protestations«
(V.41–44).

Weigel übersetzt:

»Nein, nie und nimmer kann ich die Manier
entschuldigen,
Der heute weit und breit die Kavaliere huldigen;
Nichts hasse ich so sehr, nichts macht mich derart rasen
Wie alle die verbogenen, verlogenen öden Phrasen.«

»Méthode« wird zu »Manier« und »gens à la mode« wird zu »Kavalieren«: Man kann es nicht glücklicher treffen! Dazu gehört freilich auch der Mut, sich der Fremdwörter zu bedienen, die im gepflegten Deutsch gang und gäbe sind. Weigel hat ihn. Und dann akzentuiert er auch hier wieder schärfer, wird deutlicher, temperamentvoller als Molière. Weigel, heißt das, übersetzt als der Theaterfachmann, der er auch als Kritiker war – und er übersetzt mit dem Ohr. Es war nicht leicht, dem etwas Gleichwertiges (oder womöglich noch Gelungeneres) gegenüberzustellen. Werle hat es gewagt:

»Nein, sag ich: keine Art des Umgangs ist mir
ungeheurer
als die all Eurer Kavaliere nach dem letzten Schrei;

nichts haß ich wie die unaufhörliche Katzbuckelei
all dieser unausstehlichen Verbundenheitsbeteurer.«

Der Ton ist etwas derber, die Stillage ein wenig herabgestuft, aber an Ausdruckskraft fehlt es diesem Übersetzer erst recht nicht. Er gewinnt diese nicht zuletzt durch originelle, einfallsreiche Wortschöpfungen wie »Verbundenheitsbeteurer«. Die »Kavaliere« hat er übrigens wahrscheinlich von Weigel übernommen, aber die »Katzbuckelei« grenzt ans Saloppe. Daran nimmt heute kaum noch jemand Anstoß. Werle ist noch ein gut Stück moderner, noch zupackender als Weigel. Dass die Académie française Molière ein Wort wie »Katzbuckelei«, falls es das im Französischen gibt, nicht hätte durchgehen lassen, schert den jüngeren Übersetzer nicht. Insofern kann man vielleicht auch sagen: Die *Sache* geht ihm vor der Übersetzerpflicht, dem Ausgangstext zu entsprechen. Immerhin, »faiseurs de protestations« war auch ungewöhnlich und ungeniert genug.

Bliebe mir nur noch, an die Binsenweisheit zu erinnern, dass keine Übersetzung dem Original haargenau gleichen kann, gleich ob sie mehr die inhaltliche oder mehr die formale Ähnlichkeit anstrebt. Man kann daraus folgern, dass es sinnvoll und erkenntnisfördernd ist, mehrere Übersetzungen miteinander zu vergleichen und von diesen dann auf den Ausgangstext zurückzugehen. Dieses hermeneutisch empfehlenswerte Verfahren wird durch die Übersetzungssituation, wie wir sie heute haben, erleichtert. Je mehr und je verschiedenartigere Übersetzungen, desto besser! Der Reclam-Verlag trägt dem durch die zahlreichen Ausgaben Molièrescher Komödien in seinem Programm Rechnung. Es sind, wenn ich richtig gezählt habe, derzeit sieben zweisprachige und zehn einsprachig-deutsche. Da mag sich dann auch der Zugriff zu den »Verständnishilfen«, wie Hartmut Stenzel sie vorgelegt hat, lohnen, wenn man daneben die künstlerisch geformten Versionen zu Rate zieht, gleich ob es gereimte oder Blankvers-Übersetzungen sind. »Warum übersetzt ein Übersetzer diese Stelle so, ein anderer die selbe Stelle anders?« Diese Frage lehrt uns nicht nur, wie legitim solche verschiedenen Wiedergabeversuche sind, sie verhilft uns im Rückblick zu einem tieferen Eindringen in das Original – wenn man dessen Sprache versteht. Fremdsprachenkenntnis macht die Kenntnisnahme von Übersetzungen nicht überflüssig. Im Gegenteil. Die Zeit, als man in Schule und Universität Übersetzungen tabuisierte, ist vorbei. Übersetzungen gehören ebenso zu den Gegenständen des Literaturstudiums wie die fremdsprachlichen Originale.

Damit gehe ich zu Hans Magnus Enzensberger über, mit dessen *Menschenfeind* es eine besondere Bewandtnis hat. Sie zu eruieren gehört hierher, weil dieses Stück von der neueren Geschichte des »deutschen Molière« nicht wegzudenken ist. Im letzten Abschnitt dieses Kapitels soll dann noch ein Blick auf Tankred Dorst geworfen werden. Es wird sich zeigen, warum.

H. M. Enzensberger, *Der Menschenfeind*

Hans Magnus Enzensberger hat seine Version von Molières *Misanthrope* im Titel nicht als Übersetzung gekennzeichnet: Aber in der Buchausgabe, die 1979 als Insel-Taschenbuch (Nr. 401) erschienen ist und kontinuierlich nachgedruckt wird, hat er ihr ein Nachwort hinzugefügt, das »Über die Schwierigkeit und das Vergnügen, Molière zu übersetzen« betitelt ist – und er nennt sich nicht nur selbst einen Übersetzer, sondern spricht wiederholt von seiner Molière-*Übersetzung*. Er betont »auf den Endreim hätte nur ein Verrückter verzichten können« (S. 106) und er erklärt, er »habe weder streichen noch strecken müssen«, ja, die »Zeilenzahl« seiner Fassung entspreche genau derjenigen Molières. Im Übrigen habe er, man höre und staune, keine »Schockeffekte« beabsichtigt, sondern versucht, die »Natürlichkeit [...] wiederherzustellen, die sich für Molière von selbst verstand« (S. 109).

Eine Übersetzung also, das heißt einen Molière wollte Enzensberger bieten, der echter wäre, als das bei den Aufführungen in historischem Gewand der Fall ist. Denn »all diese Stellwände und Perücken, diese Tabatièren und Spitzenjabots« der traditionellen Inszenierungen, schreibt Enzensberger, hätten ihn »von Herzen angewidert«; sie seien ihm wie Verfälschungen vorgekommen, während er nun, mit seiner Übertragung in unsere heutige Welt den originalen Molière »wiederherzustellen« beabsichtigte ... (S. 108f.).

Vielleicht sollten wir, ehe wir auf Enzensbergers Theorie weiter eingehen, erst einen Blick auf die Praxis werfen, und: warum nicht die Stelle, die wir schon kennen, dazu heranziehen? Die Auseinandersetzung zwischen Alceste und Philinte, die wir uns soeben vor Augen geführt haben, verläuft bei Enzensberger, soweit sich die Stelle lokalisieren lässt, wie folgt (S. 12f.):

»PHILINTE. Sag mal, was willst du eigentlich von mir?
ALCESTE. Daß du ein bißchen mehr Charakter zeigst,
und, statt dich durchzumogeln, lieber schweigst.«

(Das entsprach ungefähr dem Original, in dem es hieß: »On ne lâche aucun mot qui ne parte du cœur«; I,1.)

Philinte spricht dann bei Enzensberger:

»Nimm an, Herr X kommt auf dich zu, ein Mann
mit Charme, und spricht dich höflich an.
Willst du ihn stehen lassen und brüskieren?
Nein. Was du Schwindel nennst, nenn ich Manieren.«

(Auch das kann man, bis auf den Schluss, noch als eine Übersetzung ansehen, denn es hieß im Original:

»Lorsqu'un homme vous vient embrasser avec joie,
Il faut bien le payer de la même monnaie,
Répondre comme on peut, à ses empressements,
Et rendre offre pour offre et serments pour serments«;
I,1.)

Es gibt also Stellen in Enzensbergers *Menschenfeind*, die in der Tat wie Übersetzungen aussehen. Aber sie sind denn doch in der Minderheit gegenüber den Stellen, aus denen man kaum mehr als eine ferne Erinnerung ans Original heraushören kann; zum Beispiel diese:

»ALCESTE. So seid ihr alle. Ach, ich könnte speien,
wenn ich euch sehe! Diese Kriechereien,
und diese Küßchen links und rechts: ›Ganz ehrlich!
Sie sind der Größte! Und so toll gefährlich!‹ –
wie ich das hasse! Dieses Party-Pack –
es ist so glanzvoll wie Metallic-Lack.
Derselbe spitze Schrei: ›You're wonderful!‹ –
obs ein Genie ist oder eine Null.
Da werden Lob und Zärtlichkeit zum Hohn,
und jede Freundschaft frißt die Inflation.
Nein, nein. Kein Mensch, der etwas auf sich hält,
legt Wert auf diese öde Plastik-Welt,
wo man sich als die Crème der Crème betrachtet,
und wo im Grunde keiner keinen achtet.«

(Das war Molières: »Et c'est n'estimer rien qu'estimer tout le monde«; I,1.)

»Du sagst mir achselzuckend, das sei üblich,
und du machst mit. Na schön. Das ist betrüblich.
Nur bitt ich dich, mich damit zu verschonen.
Die Finger weg, und keine Konzessionen!
Mich wirft man nicht in einen Topf mit Leuten,
für die Moralbegriffe nichts bedeuten.«

Es wäre spießig, solche Verse nicht schmissig zu finden. Enzensberger ist ein noch weit brillanterer Reimer als

Weigel. Vor allem reimt er viel frecher, unorthodoxer, so wenn er »wonderful« auf »eine Null« reimt. Solche englisch-deutschen Reime sind geradezu seine Spezialität: »Liegestuhl« reimt sich da auf »völlig cool«, »dümmliches Gehüstel« auf »Pikkolo im Bristol«, »male chauvinist« auf »eingebildet ist« und »Emmy-Bird« auf »Flirt« ...

Von den kleineren Sinnverschiebungen, die sich Enzensberger im eben wiedergegebenen Text erlaubt, abgesehen, wäre hier immerhin anzumerken, dass der ursprüngliche Alceste, so wie Molière ihn sich gedacht hatte, weniger ein moralischer Rigorist war als jemand, der partout den Leuten die Wahrheit ins Gesicht sagen und sich dadurch vom Durchschnitt absetzen wollte. Um »Moralbegriffe« ging es ihm ja eigentlich weniger als darum, mit seiner unverblümten Rede aufzufallen und im Recht zu sein. Aber sei's drum. Angemessener wäre es freilich schon, die Tonlage zu überprüfen, in die Enzensberger seinen *Menschenfeind* übertragen hat. Sicher verliert auch Molières Alceste immer wieder die Façon: Er poltert, platzt, wütet und flucht nicht schlecht. Als echter Nachfahre Sganarelles ist er ein Choleriker (wie wir schon feststellen konnten). Aber er sagt nicht, wie bei Enzensberger

»Nimm nur das Schwein, mit dem ich prozessiere« (S. 16),

er sagt nicht von Célimène, die mit seinem Rivalen korrespondiert:

»Sie schreibt an dieses Arschloch von Oronte!« (S. 75),

er sagt nicht von Oronte:

»Dann aber gnade Gott dem Lumpenhund,
der diese Scheiße angezettelt hat!« (S. 85),

und er nennt seinen Widersacher ganz bestimmt nicht einen »Faschisten« (S. 31) ... Diese Vergröberungen verfälschen Molière entschieden, und man mag sich auch wohl fragen, wo einem »zwischen Schleswig-Holstein und dem Bodensee« heute solche »Echos entgegenschallen« (wie Enzensberger meint). Aber auch das ist noch nicht der Hauptpunkt unserer Kritik, nicht der Punkt, von dem aus deutlich zu machen ist, dass Enzensberger eben nicht, wie er vorgibt, eine Molière-Übersetzung präsentiert, sondern etwas ganz anderes.

Um das zu verdeutlichen, empfiehlt es sich, die sogenannte Sonettszene aufzugreifen, also die zweite des ersten Aktes. Nach der mehr theoretischen Auseinandersetzung im ersten Auftritt bringt sie die Anwendung, sozusagen die szenische Veranschaulichung von Alcestes Raubeinigkeit und Philintes Glätte. Oronte erscheint auf der Bühne und wirbt um Alcestes Freundschaft. Er tut das ebenso überschwänglich wie unehrlich, und dem entspricht die kühle, zurückhaltende Reaktion Alcestes, die Oronte eigentlich schon beleidigt – aber das lässt er sich noch nicht merken. Denn es drängt ihn, ein Gedicht vorzutragen, das er verfasst hat. Nach einigem Zögern erklärt Alceste sich bereit, dem Vortrag zuzuhören – vorausgesetzt, er darf dann auch ungeschminkt seine Meinung dazu sagen. Oronte verspricht's und beginnt, nachdem er sich lange genug geziert hat, sein Gedicht aufzusagen. Es ist ein Sonett in der preziösen Manier der Zeit, und lautet folgendermaßen:

»L'espoir, il est vrai, nous soulage
Et nous berce un temps notre ennui;
Mais, Philis, le triste avantage,
Lorsque rien ne marche après lui!

Vous eûtes de la complaisance;
Mais vous en deviez moins avoir
Et ne vous pas mettre en dépense
Pour ne me donner que l'espoir.

S'il faut qu'une attente éternelle
Pousse à bout l'ardeur de mon zèle,
Le trépas sera mon recours.

Vos soins ne m'en peuvent distraire:
Belle Philis, on désespère,
Alors qu'on espère toujours.«
(V. 315–332)

Mit diesem Gedicht hatte Molière den modischen Ton seiner Zeit so gut getroffen, dass das Publikum sich zunächst durchaus nicht im Klaren war, wie es reagieren sollte. Es gibt ein zeitgenössisches Dokument, dem zu entnehmen ist, dass einige Zuschauer bei der Uraufführung erklärten, das Sonett sei gar nicht schlecht. Ihnen gefiel die Pointe mit dem Wortspiel »on désespère / Alors qu'on espère toujours«, und sie nahmen offenbar an der Unstimmigkeit keinen Anstoß, die darin besteht, dass da einerseits in einer hoch stilisierten Sprache von »Glut«, »Inbrunst« und »Hinscheiden« (*ardeur, zèle* und *trèpas*) die Rede ist, andererseits aber dem Ganzen ein derb-sinnlicher Wunsch zugrunde liegt. Wenn der Verliebte schließlich erklärt, die Geliebte solle sich lieber nicht in Unkosten stürzen – *ne pas se mettre en dépense* –, so ist das natürlich erst recht ein Stilbruch. Das Denken, das sich hinter dieser Formel verbirgt, ist eher materialistisch zu nennen – es entspringt niederer Gesinnung, nicht höfisch-galanter Gesittung, sodass auch hier der Inhalt zur Form nicht passt. In der Form eines petrarkistischen Sonetts fordert man nicht die Erfüllung seiner sexuellen Wünsche, sondern man huldigt seiner Geliebten als Herrin ... Also: Wer Ohren hat zu hören, für den ist dies Sonett voller Diskrepanzen, es ist ein unechtes, verkünsteltes, manieriertes Machwerk, hinter dem sich kein wahres Gefühl verbirgt.

Wenn nun Alceste – nicht gleich zwar, aber dann allmählich doch immer deutlicher – Orontes Sonett in eben diesem Sinne kritisiert, so können wir sicher sein, dass das in Molières Sinn geschieht: *Er sagt, was Molière meint.* Und es ist sicher nicht unwichtig festzustellen, dass Molière hier den unsympathischen Alceste weitgehend zum Sprachrohr seiner eigenen Meinung macht: nicht nur, aber auch hieraus dürfen wir schließen, dass sich etwas von Molière selbst in Alceste verbirgt. Jedenfalls ist Alceste – trotz seines Polterns und seiner Rechthaberei – ein Mann mit Geschmack; er ist kein Waldschrat. Man kann das auch der Art und Weise entnehmen, *wie* er seine Kritik vorbringt, indem er sie nämlich nicht Oronte ins Gesicht sagt, sondern erklärt, er habe einem anderen bei ähnlicher Gelegenheit gesagt, er solle doch lieber das Dichten lassen … Überhaupt ist dies der Kernpunkt seiner Kritik: Natürlich findet er Orontes Sonett schlecht, aber zugleich oder vor allem findet er schlecht, *dass ein Mann von Welt überhaupt Gedichte schreibt* und sie dann auch noch veröffentlicht. Die Pointe ist nur zu verstehen, wenn man weiß, was sich für einen »honnête homme« der Zeit schickte, was nicht. Nichts ist in der vornehmen Welt, in der der *Misanthrope* spielt, mehr verpönt als Spezialistentum; das gilt auch für das Spezialistentum des Literaten. Sucht man den Gegenbegriff zum »honnête homme«, so ist's der Berufstätige. Alceste ruft Oronte das in Erinnerung. Und er tut es mit Recht, weil dieser sich seiner Position als eines Hofmannes gebrüstet hatte, der über besonders gute Beziehungen zum König verfügt …

»Il faut qu'un galant homme ait toujours grand empire
Sur les démangeaisons qui nous prennent d'écrire«
(V. 345 f.),

sagt Alceste in diesem Sinne. Hans Weigel hatte das ganz zutreffend wiedergegeben:

»Wenn einen Mann von Stand der Kitzel plagt, zu schreiben,
Halt er sich streng in Zaum, laß Laune Laune bleiben.«

Wie wäre nun das fragliche Sonett zu übersetzen? Historisierend, wie er orientiert war, fasste R. A. Schröder es so:

Die Hoffnung

»Die Hoffnung tröstet unsern Wandel,
Lullt zeitweis unsern Seelengram;
Doch Phyllis, welch betrübter Handel,
Wenn es zu gar nichts anderem kam.

Ihr zeigtet mir ein huldreich Wesen;
Geratner war's, ihr bliebet kalt.
Sind's doch hinausgeworfne Spesen,
Wo man uns nur mit Hoffnung zahlt.

Hält denn ein unablässig Harren
Mich selbst und meine Glut zum Narren,
Sei Zuflucht mir im Tod beschert.

Ja, mein Entschluß ist unabwendlich,
Denn, Phyllis, man verzweifelt endlich,
Wenn unser Zweifel endlos währt.«

Dass dieser Übersetzer die Schwächen des Gedichts genau erkannt hat, ist offensichtlich: Er verstärkt womöglich noch den Stilbruch, der zwischen dem preziösen Stil und der handfesten Sinnlichkeit besteht. Indem er von »hinausgeworf'nen Spesen« spricht, nachdem er soeben noch Ausdrücke wie »huldreich« oder »Seelengram« gebraucht hatte, macht er das mehr als deutlich. – Hans Weigel kann das auch nicht besser. Er schreibt:

Die Hoffnung

»Die Hoffnung läßt Traumbilder lachen,
Zeigt Bittres in Süße gehüllt,
Doch Philis, welch trübes Erwachen,
Wenn nie sie die Wünsche erfüllt.

Du tatest viel Hoffnung mir spenden,
Doch weniger wäre da mehr,
Drum gib, statt sie so zu verschwenden,
Nicht sie mehr, gib mehr, viel mehr her.

Es blieb' nach unendlichem Hoffen
Die Lieb' ja zutodegetroffen,
Das Grab winkte bald ihr wie mir –

Was nützt mir, nützt dir dann das Trauern?
Schön Philis, laß Hoffnung nicht dauern,
Viel Hoffnung macht hoffnungslos schier.

Das mag noch ein wenig holpriger klingen und ist doch zugleich vom Weigelschen Sprechton unverkennbar geprägt (»… gib mehr, viel mehr her!«). – Was aber macht Enzensberger aus dem Gedicht? Es lautet bei ihm so (es genügt, die Anfangsverse anzuführen; S. 25):

Hoffnung

»Unter alten Autoreifen
und rosa Plastikbechern,
unter den zertrümmerten Hoffnungen
meiner Generation
suche ich Dich.«

Geblieben ist zwar der Wunsch nach Liebeserfüllung in einem, wie aus der Folge deutlich wird, durchaus handfesten Sinn, geblieben ist auch die Abgeschmacktheit der Form. Aber auf welche Modedichtung mag sich Enzensbergers Gedicht – das natürlich kein Sonett ist – beziehen? Wo in aller Welt wäre so etwas heute Mode? (Das scheußliche Machwerk könnte allenfalls als eine Art »Poésie impure« in der Potenz verstanden und so vielleicht auf den chilenischen Dichter Pablo Neruda bezogen werden, von dem Enzensberger selbst einiges übersetzt und unter dem Titel »poésie impure« veröffentlicht hat.)

Aber selbst wenn man meint, das Poem, das Oronte in Enzensbergers *Menschenfeind* vorträgt, entspräche, weil es so geschmacklos und ungereimt ist, prinzipiell dem Molièreschen Sonett, muss dazu etwas angemerkt werden, das ans Grundsätzliche rührt: Denn wenn Alceste nicht nur die Geschmacklosigkeit von Orontes Gedicht kritisiert, sondern erst recht die Tatsache, dass er als »honnête homme« Reime schmiedet und veröffentlicht, so spricht er als ein Mann der vornehmen Gesellschaft zum anderen, als ein Adliger zu einem Standesgenossen. Was aber ist Alceste bei Enzensberger? Der Text sagt das unmissverständlich: Er ist *Schriftsteller von Beruf*. Deswegen wendet sich hier nun Oronte, der nur ein Gelegenheitsdichter ist und sein Poem so nebenher »ins Telex« diktiert hat, an Alceste. Alceste urteilt somit als Fachmann über das Gedicht eines Laien, der sich als Möchtegern-Poet präsentiert. Das ist eine an den Kern greifende Änderung, die es nicht mehr erlaubt, von einer Übersetzung zu sprechen. Das heißt nicht, dass man nicht das tun könnte, was Enzensberger in Wahrheit gemacht hat: nämlich eine Transposition des Molièreschen Stückes in unsere Zeit, eine spritzige Komödie, eine Satire auf Modeerscheinungen unserer »Plastik-Welt« in frechen Reimen, deren Handlung und deren Personenkonstellation an Molières *Misanthrope* angelehnt ist. So ließe man sich das gefallen. Eben das ist aber – wenn man dem Nachwort glauben will, und warum sollte man das nicht? – ganz und gar nicht die Absicht des Bearbeiters gewesen. Zu kritisieren ist also nicht das Bühnenstück, schon gar nicht die schmissige Form, die der moderne Routinier ihm gegeben hat, sondern nur der Anspruch, damit eine Molière-Übersetzung zu bieten. Die Sonettszene und die berufliche Umfunktionierung des Alceste macht das vollkommen deutlich.

T. Dorst, *Der Geizige*

Wir kommen zu Tankred Dorsts *Drei Stücken* nach Molière.[7]

Im Allgemeinen ist Molière gut sprechbar. Aber es gibt bei ihm auch Passagen, die nicht leicht über die Rampe gehen. Das gilt nicht nur für die bisweilen schwierigen Parts der sogenannten »Raisonneure«, von denen oben einer aus dem Anfang des *Misanthrope* wiedergegeben wurde, es gilt erst recht für die galanten Tändeleien jugendlicher Liebender. Ein gutes Beispiel dafür bietet der Anfang des *Avare*. Da sagt Élise zu ihrem Valère:

> »Je n'aurais rien à craindre, si tout le monde vous voyait des yeux dont je vous vois, et je trouve en votre personne de quoi avoir raison aux choses que je fais pour vous. Mon cœur, pour sa défense, a tout votre mérite, appuyé du secours d'une reconnaissance où le Ciel m'engage envers vous.« (I,1)

»… ich finde in Ihrer Person Gründe dafür, das zu tun, was ich für Sie tue«: Was soll das heißen? Nehmen wir uns einmal den Schweizer Übersetzer Walter Widmer vor, um zu sehen, was der Sinn dieser komplizierten Aussage sein mag. Widmer, dessen *Avare*-Übersetzung 1962 bei Rowohlt erschien und heute vergriffen ist, übersetzte die Stelle so:

7 *Molière. Drei Stücke*, Dt. von T. D., Frankfurt a. M. 1978 [*Der Geizige*, *Der eingebildete Kranke*, *George Dandin*].

»Ich brauchte ja nichts zu fürchten, wenn alle Leute Sie mit meinen Augen sähen. Ich finde in Ihrem ganzen Wesen Grund und Rechtfertigung genug für alles, was ich Ihretwegen tue. Mein Herz hat triftige Gründe zu Ihrer Verteidigung: Ihre gesamten Fähigkeiten zunächst und obendrein erst noch die Dankbarkeit, zu der mich der Himmel Ihnen gegenüber verpflichtet hat.«

Welcher Schauspieler wollte das sprechen? Widmer tut hier, wie fast immer, des Guten zu viel: er setzt »Grund und Rechtfertigung« für das eine Wort »Raison«, er lässt Élise von »triftigen Gründen« für ihr Verhalten sprechen, als wäre sie ein Rechtsanwalt, und von Valères »gesamten Fähigkeiten« ist bei Molière auch nicht die Rede, geschweige denn, dass dann »obendrein erst noch die Dankbarkeit« erwähnt würde. So geht das offensichtlich nicht. Aber auch Hans Weigel, von dem wir wissen, wie sehr ihm an der Sprechbarkeit seiner Übersetzung lag, vermag hier kaum einen bühnengerechten Text zu bieten. Er lässt Élise sagen:

»Könnte alle Welt Sie mit meinen Augen sehen, hätte ich nichts zu befürchten: denn Ihr Wesen gibt mir die schönste Rechtfertigung all dessen, was ich für Sie tue. Mein Herz kann sich zu seiner Verteidigung auf Ihre ganze Vortrefflichkeit berufen, bestärkt durch die Pflichten der Dankbarkeit, die mir der Himmel auferlegt.«

Der Himmel, das müsste erläuternd hinzugefügt werden, kommt hier deswegen ins Spiel, weil Valère seiner Élise einmal das Leben gerettet hat, indem er sie aus dem Wasser fischte, darin sie zu ertrinken drohte. Mag Weigels Fassung auch etwas glatter und knapper sein als diejenige des emsigen Schweizer Übersetzers, von dem zahlreiche deutsche Übersetzungen französischer Klassiker vorliegen, so bleibt das immer noch ein schwer zu sprechender

Text. Im Französischen läuft das galante Gerede der jungen Liebenden so obenhin, es wird sehr rasch gesprochen, und jedermann weiß, es geht nur um Floskeln, auf die bald etwas Gewichtigeres folgen wird. Wenn deutsche Schauspieler solche Texte sprechen, kann es vorkommen, dass sie zu viel Gewicht bekommen: Sie mit Tiefsinn zu beladen, bekommt ihnen schlechterdings nicht. Es dürfte kaum eine andere Lösung des Problems geben, als sich ein wenig ›französisch zu geben‹ und so etwas wie einen Rokokoton zu suchen, um die zierlich-gedrechselten Nichtigkeiten so leicht vorzubringen, wie sie es verlangen.

Tankred Dorst löst das Problem ganz anders. Er kürzt und verändert die Eingangsszenen seines *Geizigen* radikal. Valère sieht man da gleich als bärtigen Mann verkleidet (er hat sich ja bei Harpagon verdingt, um Élise nahe zu sein), und er putzt Schuhe, was er bei Molière gewiss nicht tut. Élise, so ist dem Text zu entnehmen, hat sich ihrem Geliebten schon hingegeben und nun hat sie Angst, Angst vor *allem*, dem Vater, der Familie und davor, Valère könnte sie eines Tages nicht mehr lieben. Realistisch ist also das Wort, das sich aufdrängt, was die Situation im Äußeren wie im Inneren der Personen anlangt. So wollte der Übersetzer es auch haben. Einschließlich der Sprache, in die sich das galante Geplänkel der jugendlichen Liebenden verwandelt hat. Kaum hat Élise ihre Angst bekannt, da fährt Valère nämlich dazwischen:

> »Jetzt hör endlich auf, du gehst mir auf die Nerven! Immer siehst du bloß schwarz!« (S. 9)

Das stand so natürlich nicht bei Molière. Meint Élise darauf: »Nur eben, die Leute ...« (was sicher gut umgangssprachlich gesagt ist), so entgegnet Valère (nicht gerade galant): »Die Leute! die Leute!« Und nun kommt das, was man die Wiedergabe unserer obigen Stelle nennen müsste, denn Élise sagt:

»Die sehn dich ja nicht so wie ich. Die verstehn ja nicht, warum ich so leichtsinnig ... aber ja! Ich habe ja Grund, dir dankbar zu sein. Valère, – für mich hast du ja einfach alles aufgegeben« (S. 9).

Kein Zweifel: Das ist sprechbar und spielbar. Aber muss man, um das zu erreichen, so weit von Molière weggehen? Das ist die Frage, vor die Tankred Dorst uns stellt. – Sehen wir noch etwas weiter zu, ehe wir uns entscheiden!

Mit dem Auftreten Harpagons ist der ganze galante Spuk verflogen. Der alte Geizkragen poltert gleich in bekannter Sganarelle-Manier zornwütig und unbeherrscht drauflos. Er herrscht seinen Diener La Flèche an, will ihn zum Haus hinauswerfen und spart dabei nicht mit Ausdrücken, die drastisch genug klingen – so:

»Hors d'ici tout à l'heure, et qu'on ne réplique pas. Allons, qu'on détale de chez moi, maître juré filou, vrai gibier de potence.« (I,3)

Das heißt – in Hans Weigels Wiedergabe, auf die wir hier nur noch zum Vergleich mit Dorst zurückgreifen:

»Fort mit dir, hinaus, pack dich auf der Stelle
und ohne Widerrede! Antworte nicht, verschwinde,
und laß dich nie wieder blicken, du Galgenvogel,
du Meister der Spitzbüberei!«

Tankred Dorst fasst das zwar etwas abrupter – aber hier bleibt er dem Original doch ungleich näher als bei den vorigen Stellen:

»Raus mit dir! Auf der Stelle! Keine Widerrede! Raus! Laß dich hier nicht mehr erwischen! Du Schnüffler! Du Dieb!« (S. 12)

So weit, so gut. La Flèche antwortet nicht, er reagiert mit einem a-parte auf den Rauswurf:

»Je n'ai jamais rien vu de si méchant que ce maudit vieillard et je pense, sauf correction, qu'il a le diable au corps.« (I,3)

Weigel übersetzt:

»So etwas von Bösartigkeit wie diesen verdammten
Alten hab' ich noch nie erlebt. Der ist ja –
Gott verzeih mir! – wie vom Teufel besessen.«

Was wäre gegen diesen Text einzuwenden? Er ist deutlich, natürlich, situationsgerecht und denkbar nah am Original. Tankred Dorst aber lässt seinen La Flèche beiseite sprechend sagen:

»Der ist total meschugge, der Alte!« (S. 12)

Meschugge? Der jiddische Ausdruck, der sich in unsere Umgangssprache eingeschmuggelt hat, passt nur hierher, wenn wir davon absehen, dass wir es mit einer Komödie des 17. Jahrhunderts zu tun haben, einem klassischen Stück der Franzosen, das ins Deutsche übersetzt wurde. Wenn der Leser oder der Zuschauer im Theater jedoch ein Stück vorgeführt bekommt, von dem gesagt wird, es sei von Molière, und wenn er auch nur einen Rest an historischem Bewusstsein mit in seine Aufnahme des Stückes hinübergerettet hat – was nicht bedeutet, er müsse es in der Sprache des 17. Jahrhunderts hören –, muss er hier seine Orientierung verlieren. Entweder er vergisst das alles und stellt sich auf eine deutsche Komödie unserer Tage ein – aber dann stören die französischen Namen, und es stört noch vieles andere an dem Stück –, oder er spielt das Spiel mit, dass es sich um etwas Fremdes und Vergangenes handelt, das sich wie üblich in der Verkleidung unserer Sprache präsentiert: Als ob man dieses Spiel nicht hundertfach zu üben Anlass gehabt hätte, als ob es nicht seinen Reiz hätte, mag es auch natürlich gewisse Inkonsequenzen in sich bergen! So das Dilemma, vor das Tankred Dorst sein

Publikum stellt – und das er offen lässt, um nicht zu sagen, er verbaue sich beide Möglichkeiten, es aufzulösen.

Dorst ist leider kein Einzelfall. Sein Realisierungsbestreben, seine Verlebendigungstendenz und seine Bemühung um Sprechbarkeit in Ehren: Wenn wesentliche Elemente (wie das Liebesverhalten der jungen Leute) aus Molières Werken ausgemerzt, wenn seine Charaktere verfälscht werden und Gags des Übersetzers an die Stelle der originalen Komik treten, sind die Grenzen des Akzeptablen überschritten. Wir haben es dann nicht mehr mit Übersetzungen zu tun, sondern mit Modernisierungen, die nur Verschlechterungen genannt werden können.

VI

Zeittafel

1610–43 Ludwig XIII. französischer König (geb. 1601; bis 1617 Regentschaft der Königinmutter Maria von Medici).

1622 15. Januar: Taufe des Jean (später Jean-Baptiste genannten) Poquelin in Paris, Sohn von Jean Poquelin und Marie Cressé, Kaufleute im Tuchhandel.

1624–42 Kardinal Richelieu leitender Minister Ludwigs XIII.

1631 Der Vater erwirbt das Amt eines »tapissier et valet de chambre ordinaire du Roy«.

1631/32–39 Jean-Baptiste besucht die Jesuitenschule »Collège de Clermont«.

1632 Tod der Mutter.

1637 Jean-Baptiste Poquelin leistet den Diensteid der Nachfolge seines Vaters als »valet de chambre«, verzichtet aber später zugunsten des jüngeren Bruders.

1640 Studium der Rechte in Orléans.

1643–1715 Ludwig XIV. französischer König (geb. 1638; bis 1661 Regentschaft der Königinmutter Anna von Österreich, leitender Minister Kardinal Mazarin).

1643 30. Juni: Unterzeichnung der Gründungsakte für das »Illustre Théâtre« zusammen mit Madeleine Béjart.

1644 Erste Nennung des Namens Molière.

1645 Scheitern des »Illustre Théâtre« wegen Schulden. Molière zeitweilig als Hauptbürge inhaftiert.

1645–58 Dreizehnjährige Wanderzeit als Schauspieler durch die Provinz:
1648 Nantes.
1649 Toulouse, Montpellier, Narbonne.
1650/51 Agen, Pézenas, Languedoc.
1652 Grenoble.

1653–55 Lyon, Montpellier, Avignon. 1655 Erste Komödie Molières, *L'Étourdi.*
1656 Narbonne, Bordeaux, Béziers. Dezember 1656 *Le Dépit amoureux.*
1657 Lyon, Dijon.
1658 Grenoble, Rouen.

1648–53 Aufstand der adeligen Fronde gegen die von Richelieu und Mazarin betriebene Ämter- und Steuerpolitik.

1658 Paris, Louvre, 24. Oktober: Aufführung des *Nicomède* von Corneille und einer Farce *Le Docteur amoureux* vor dem jungen König Ludwig XIV. Beginn einer wechselvollen Beziehung und zehnjährigen Freundschaft zwischen Molière als »Hofdichter« und dem absolutistischen Monarchen, der Theater und Ballett liebte.
2. November: Auf Anordnung des Königs kann Molière mit seiner Truppe (abwechselnd mit Scaramouche) im Theater »Le Petit Bourbon« in Paris auftreten.

1659 18. November: Premiere der *Précieuses ridicules.*

1660 28. Mai: Premiere des *Sganarelle ou Le Cocu imaginaire.*
Oktober: Umzug vom »Petit Bourbon«, das abgerissen wird, zum »Théâtre du Palais-Royal«.

1661 4. Februar: Premiere des *Dom Garcie de Navarre ou Le Prince jaloux.*
24. Juni: Premiere der *École des Maris.*
17. August: Mit den *Fâcheux* wird die erste Ballettkomödie Molières zu Ehren des Königs aufgeführt.

1662 Heirat mit Armande Béjart.
20. Februar: Premiere der *École des Femmes.*

1663 Molière erhält vom König die Zusage einer jährlichen Gratifikation von 1000 Livres.
1. Juni: Premiere der *Critique de l'École des Femmes*, Armande in der Rolle der Élise.

1664 Geburt des ersten Kindes, Louis, das bereits im November stirbt.
29. Januar: Premiere von *Le Mariage forcé.*
12. Mai: Erstaufführung der ersten drei Akte des *Tartuffe*, anschließend Spielverbot bis September.
9. November: Premiere der *Princesse d'Élide.*
29. November: *Tartuffe* in fünf Akten wird in Raincy als Privatvorstellung auf Veranlassung des Prinzen Condé aufgeführt.

1665 15. Februar: Premiere des *Dom Juan ou Le Festin de pierre.*
Geburt der Tochter Esprit-Madeleine, die bis 1723 lebt.
14. August: Molières Truppe wird zur »Troupe du roy au Palais royal« ernannt und erhält eine jährliche Unterstützung von 6000 Livres.

1666 Januar/Februar: Molière schwer erkrankt.
März: Molières »Werke in zwei Bänden« erscheinen, mit Titelkupfer von François Chauveau.
4. Juni: Premiere des *Médecin malgré lui.*

1667 5. August: Erste öffentliche Aufführung des *Tartuffe* unter dem Titel *L'Imposteur.*
August/September: Molière krank in Auteuil.

1668 13. Februar: Premiere des *Amphitryon.*
2. Mai: Der Friedensschluss von Aachen beendet Frankreichs Krieg gegen Spanien. Der König ist zur Durchsetzung seiner Kriegspolitik verstärkt auf das Wohlwollen des Adels angewiesen. Dadurch gerät auch sein Verhältnis zu Molière in eine Krise.
18. Juli: Premiere des *George Dandin* in Versailles.
9. September: Premiere des *Avare.*

1670 14. Oktober: Premiere des *Bourgeois Gentilhomme.*

1671 Während der Karnevalszeit in den Tuilerien spielt *Psyché*, ein Gemeinschaftswerk von Molière, Corneille, Quinault und Lully. Damit setzt sich im Geschmack der adligen Gesellschaft die Oper durch.

Lully rivalisiert künftig mit Molière um die Gunst des Königs.
14. Mai: Premiere der *Fourberies de Scapin*.

1672 Tod Madeleine Béjarts.
11. März: Premiere der *Femmes savantes*.
Geburt eines dritten Kindes, das kurze Zeit später verstirbt.
Lully erhält das Privileg des Königs, mit seiner »Königlichen Musikakademie« das gesamte Musikwesen zu kontrollieren.

1673 10. Februar: Premiere des *Malade imaginaire* mit der Musik von Charpentier.
17. Februar: Am Schluss der vierten Aufführung des *Malade imaginaire* erleidet Molière einen Blutsturz; er stirbt noch am gleichen Abend.
21. Februar: Molière wird auf dem Friedhof Saint-Joseph in Paris bestattet. Im März übergibt der König das Theater Palais-Royal Lully für seine Musikakademie. Molières Truppe mit Armande vereinigt sich mit der Schauspieltruppe Marais und spielt künftig in der Rue Guénégaud.

1680 Auf königlichen Befehl werden die Truppen des Hôtel Guénégaud und des Hôtel Bourgogne vereinigt: dies ist die Gründung der Comédie-Française.

VII
Literaturhinweise

Ausgaben

Œuvres de Molière. Hrsg. von Eugène Despois und Paul Mesnard. 13 [14] Bde. Paris: Hachette, 1873–1900. Rev. Neuausg. Paris: Hachette, 1889–1929. (Les Grands Écrivains de la France.) – Nachdr. New York: Franklin, 1970. [Immer noch unerlässlich wegen des Apparats, der Erläuterungen und Quellenangaben.]

Molière: Œuvres complètes. Texte établi, avec préface, chronologie [...] et lexique par Robert Jouanny. Édition illustrée. 2 Bde. Paris: Garnier, 1962. (Classiques Garnier.)

Molière: Théâtre complet. 2 Bde. Texte établi, avec préface [...] par Robert Jouanny. Édition illustrée. Paris: Garnier, 1962. (Classiques Garnier.) [Handliche, knapp kommentierte Gesamtausgabe in modernisierter Orthographie. Nach dieser Ausgabe wird hier zitiert.]

Molière: Œuvres complètes. Texte établi et annoté par Georges Couton. 2 Bde. Paris: Gallimard, 1971. (Bibliothèque de la Pléiade.)

Bibliographien

Guibert, Albert-Jean: Bibliographie des œuvres de Molière publiées au 17e siècle. 3 Bde. Paris: Centre national de la recherche scientifique, 1961–73. Nachdr. Paris 1977.

Keck, Thomas: Molière auf Deutsch. Eine Bibliographie deutscher Übersetzungen und Bearbeitungen der Komödien Molières. Hannover: Revonnah-Verlag, 1996.

Sekundärliteratur

Adam, Antoine: Histoire de la littérature française au 17e siècle. 3 Bde. Paris 1948–52.

Baader, Renate (Hrsg.): Molière. Darmstadt 1980. (Wege der Forschung, 261.) [Enthält eine sorgfältig ausgewählte Bibliographie. Sehr nützlich zur Information über neuere Molière-Deutungen verschiedenster Richtungen.]

Bénichou, Paul: Morales du grand siècle. Paris 1948 [u. ö.]. Neuausg. Paris 2003. [Standardwerk zur Sozialgeschichte und der Einbettung der französischen Literatur des 17. Jh.s in sie. Hervorragend in der Deutung, auf der alle so orientierte spätere Forschung zum 17. Jh. aufbaut.]

Berger, Günter: Molière, *Le Tartuffe*. In: 17. Jahrhundert – Theater. Tübingen 2003. S. 105–114. (Stauffenburg-Interpretationen.) [Moderne Interpretation; hier finden sich auch neuere Literaturangaben.]

Bray, René: Molière, homme de théâtre. Paris 1954. Nachdr. Paris 1992.

Emelina, Jean: Les valets et les servantes dans le théâtre de Molière. Aix-en-Provence 1958.

Gossman, Lionel: Men and Masks. A Study of Molière. Baltimore 1963 [u. ö.].

Grimm, Jürgen: Molière. Realien zur Literatur. Stuttgart/Weimar 1984. ²2002. (Sammlung Metzler, 212.) [Neuere deutsche Gesamtdarstellung mit ausführlicher Bibliographie.]

Heiß, Hanns: Molière. Leipzig 1929. Nachdr. Darmstadt 1967. [Bestes älteres deutsches Buch über Molière mit interessantem Kapitel über die Geschichte der Molièredeutungen und einer Zusammenfassung seiner Bedeutung.]

Hösle, Johannes: Molière. Sein Leben, sein Werk, seine Zeit. München 1987. ²1992. (Serie Piper. 1563.) [Detaillierte Darstellung der Welt, in der Molière gelebt und gewirkt hat; für die Deutung der Komödien selbst weniger ergiebig.]

Köhler, Erich: Molière. In: E. K.: Vorlesungen zur Geschichte der französischen Literatur. Hrsg. von Henning Krauß. Bd.: Klassik II. Stuttgart [u. a.] 1983. [Rund 100 Seiten hervorragender, lebendig geschriebener Molière-Analysen; originell und oft bestechend durch die angewandte historisch-soziologische Methode; dazu Literaturauswahl.]

Lanson, Gustave: Molière et la Farce. In: Revue de Paris 8 (1901) H. 3. S. 129–153.

Michaut, Gustave: La jeunesse de Molière. Paris 1922. Nachdr. Genf 1968.

– Les débuts de Molière. Paris 1923. Nachdr. Genf 1968.

Michaut, Gustave: Les luttes de Molière. Paris 1925. Nachdr. Genf 1968.
[Biographische Standardwerke.]

Mornet, Daniel: Molière. Paris 1943 [u. ö.]. [Aufgebaut nach dem Schema »l'homme et l'œuvre«, hier jedoch nicht schematisch gehandhabt; gute französische, schulmäßige Gesamtdarstellung von knapp 200 Seiten.]

Pelous, Jean-Michel: Les métamorphoses de Sganarelle. In: Revue d'Histoire littéraire de la France (1972) Nr. 5/6. S. 821–849.

Plocher, Hanspeter: Molière, *Le Misanthrope*. In: 17. Jahrhundert – Theater. Tübingen 2003. S. 171–197. (Stauffenburg-Interpretationen.) [Moderne Interpretation, hier finden sich auch neuere Literaturangaben.]

Revue d'Histoire littéraire de la France (1972) Nr. 5/6. [Spezialband, Molière gewidmet.]

Schoell, Konrad: Die französische Komödie. Wiesbaden 1983.

– Molière in der deutschen Romanistik heute. In: Romanistische Zeitschrift für Literaturgeschichte 13 (1989) S. 208–215.

Stackelberg, Jürgen von (Hrsg.): Das französische Theater, vom Barock bis zur Gegenwart. 2 Bde. [Enthält Interpretationen der folgenden Stücke: *Le Tartuffe*, von Peter Bürger; *Dom Juan*, von Heinrich Bihler; *Le Misanthrope*, von Heinrich Bihler; *L'Avare*, von Hans Robert Jauß; *Le Malade imaginaire*, von J. v. St.]

Strich, Christian / Charbon, Rémy / Haffmans, Gerd (Hrsg.): Über Molière. Zürich 1973. Nachdr. 1988. [Sammelband; enthält zeitgenössische Zeugnisse und viele Dokumente zur Molière-Rezeption, u. a. von Voltaire, Lessing, Schlegel, Goethe, Schopenhauer, Flaubert, Baudelaire, Proust, Hofmannsthal, Thomas Mann, Gide, Anouilh und Bulgakow; ferner Beiträge von Jean Cocteau, Stanislawski, Louis Jouvet, Brecht und Dürrenmatt.]

Tout sur Molière. Paris 1976. [Sammelband, der die Molière-Sondernummern der Zeitschrift *Europe* zusammenfasst: Nr. 385/386, 1961; Nr. 441/442, 1966; Nr. 523/524, 1972.]

www.toutmoliere.net
[Umfassende Webseite mit Zeittafel, Bildmaterial, elektronischen Texten, ausführlicher Bibliographie, Filmographie usw.]

Personenregister

Zum Autor

Jürgen Frhr. von Stackelberg wurde am 26. Dezember 1925 als Sohn eines baltischen Vaters und einer westfälischen Mutter in Tengen, Kreis Konstanz, geboren. Er besuchte die Schule in Singen am Hohentwiel, wo der Vater als Arzt tätig war, und verbrachte, mehr musizierend als Sport treibend, die letzten zwei Schuljahre in Salem. Er war ungern Soldat (anderthalb Jahre), nutzte aber die darauf folgende Kriegsgefangenschaft in England (noch einmal anderthalb Jahre), um sich autodidaktisch zum Dolmetscher auszubilden. Studierte in Zürich, Freiburg i. Br., Paris und Pisa Romanische Philologie, Latein und Englisch, promovierte 1952 und war bis zu seiner Habilitation 1959 Hugo Friedrichs Assistent. Erhielt einen Ruf an die Universität Göttingen 1964 und lehrte dort als Romanist vornehmlich französische Literatur der frühen Neuzeit, aber auch Italienisch und (etwas) Spanisch. Wurde 1991 emeritiert und zog sich an den Bodensee zurück. Seit 2005 lebt er wieder in Göttingen. Er ist verheiratet, hat zwei Kinder, fünf Enkel und eine Urenkelin.

Seit einer Tournée mit dem französischen Avantgarde-Regisseur Jean-Marie Serreau (1948), bei der ein Molière und ein Bert Brecht gespielt wurden, ist Stackelberg dem Theater verfallen, interessiert(e) sich aber nicht minder für die Romangeschichte und das Übersetzen, das er auch praktiziert hat.

Publikationen: 40 Bücher und 140 Zeitschriftenartikel, viele Rezensionen und Feuilletonartikel. Stackelberg war Vorsitzender des Deutschen Romanistenverbands und der Deutschen Gesellschaft für allgemeine und vergleichende Literaturwissenschaft, ist »Chevalier des Arts et des Lettres« und »Officier des Palmes académiques«.

Französische Dramen

IN RECLAMS UNIVERSAL-BIBLIOTHEK

Jean Anouilh: Jeanne oder Die Lerche. Schauspiel. 112 S. UB 8970

Pierre Corneille: Der Cid. Tragische Komödie. 64 S. UB 487 – Le Cid / Der Cid. (Zweispr.) 327 S. UB 9388

Alexandre Dumas: Die Kameliendame. Schauspiel. 96 S. UB 245

Jean Giraudoux: Die Irre von Chaillot. Schauspiel. 103 S. UB 9979 – Undine. Schauspiel. 111 S. UB 8902

Eugène Ionesco: Die kahle Sängerin. Anti-Stück. 61 S. UB 8370 – Die Stühle. Der neue Mieter. Zwei Theaterstücke. 104 S. UB 8656 – Die Unterrichtsstunde. Komisches Drama. 59 S. UB 8608

Pierre de Marivaux: Das Spiel von Liebe und Zufall. Komödie. 78 S. UB 8604

Molière: Amphitryon. 72 S. UB 8488 – L'Avare / Der Geizige. (Zweispr.) 275 S. UB 8040 – Der Bürger als Edelmann. Ballettkomödie. 87 S. UB 5485 – Le

Bourgois gentilhomme / Der Bürger als Edelmann. Ballettkomödie. (Zweispr.) 224 S. UB 8868 – Dom Juan ou Le Festin de pierre / Don Juan oder Der steinerne Gast. Komödie. (Zweispr.) 237 S. UB 8556 – Don Juan. 64 S. UB 5402 – Der eingebildete Kranke. 78 S. UB 1177 – Der Geizige. 88 S. UB 338 – Die gelehrten Frauen. 104 S. UB 18328 – Le Malade imaginaire / Der eingebildete Kranke. (Zweispr.) 256 S. UB 7697 – Der Menschenfeind. 76 S. UB 394 – Le Misanthrope / Der Menschenfeind. Komödie. (Zweispr.) 237 S. UB 8924 – Les Précieuses ridicules / Die lächerlichen Preziösen. (Zweispr.) 211 S. UB 461 – Scapins Streiche. 64 S. UB 8544 – Die Schule der Frauen. 80 S. UB 588 – Tartuffe. 80 S. UB 74 – Le Tartuffe ou l'imposteur / Der Tartuffe oder Der Betrüger. (Zweispr.) 317 S. UB 8353

Jean Racine: Phèdre / Phädra. Tragödie. (Zweispr.) 255 S. UB 839 – Phädra. Trauerspiel. 63 S. UB 54

Jules Romains: Knock oder Der Triumph der Medizin. Komödie. 104 S. UB 9662

Edmond Rostand: Cyrano von Bergerac. Heroische Komödie. 156 S. UB 8595

Jean-Paul Sartre: Die ehrbare Dirne. Schauspiel. 46 S. UB 9325

Philipp Reclam jun. Stuttgart